ars vivendi

Johannes Wilkes

# Donau-Radtouren

In 4 Tagen
mit dem Fahrrad
von Ulm in den Schwarzwald

Ein ars vivendi Freizeitführer

Bei der Realisierung dieses Buches ließen wir größtmögliche Sorgfalt walten. Falls dennoch Informationen falsch oder inzwischen überholt sein sollten, bedauern wir dies, können aber auf keinen Fall eine Haftung übernehmen.

*Korrekturvorschläge und Anmerkungen an: info@arsvivendiverlag.de*

Bildnachweis:
S. 29: © www.drjunge.net/AdobeStock; S. 31: © Ralph Hoppe/AdobeStock; S. 56: © Narrenzunft Spritzenmuck; S. 63: © Roman/AdobeStock; S. 64, 75: © Stadt Munderkingen; S. 84, 85: © Reinhold Schumann; S. 109: © Stadt Mengen; S. 115: © Viacheslav Lopatin/AdobeStock; S. 116: © Stadt Sigmaringen/Duepper; S. 117: © Pixabay; S. 128: © Bürgermeisteramt Inzigkofen; S. 145: © Gustav Kaul/AdobeStock; S. 150: © Hans-Bucher-Stiftung Fridingen a. D.; S. 155: © iralex/AdobeStock; S. 171: Wikipedia lizenzfrei; S. 186: © fotoping/AdobeStock.
Alle übrigen Fotografien stammen von Johannes Wilkes.

Erste Auflage 2021

Bauhof 1, 90556 Cadolzburg

www.arsvivendi.com

Cover und Illustrationen:
Designbüro Franziska Mariella Schatz, franziskaschatz.com
Kartographie: Kartographisches Büro Dieter Ohnmacht
Satz: Christine Richert, typoholica mediengestaltung
Druck: Beltz Grafische Betriebe GmbH, Bad Langensalza

ISBN 978-3-7472-0236-4
Printed in Germany

# Inhalt

# Bevor die Reise beginnt

Die Donau muss 2857 Kilometer fließen, bis sie sich ins Schwarze Meer ergießt. Grund genug, ihren Lauf in Flussabschnitte einzuteilen. Jede Einteilung jedoch entbehrt nicht einer gewissen Willkür, liegt es doch im Wesen eines jeden Flusses, keine Grenzen zu kennen und ungestört dahinzuströmen. Und doch kennt auch ein Fluss verschiedene Lebensalter. In seiner Jugend oft ungestüm und wild, wird er im Laufe der Zeit ruhiger und gelassener, geht zunehmend in die Breite, wird träger und träger, bevor er sich mit einem größeren Gewässer vereint. Die Jugendjahre der Donau sollen Inhalt dieses Reiseführers sein, die Strecke von Ulm zu den Quellen, denn was fasziniert uns mehr als die Ursprünglichkeit? »Jedem Anfang wohnt ein Zauber inne«, sagte Hermann Hesse, der nicht weit von den Donauquellen entfernt geboren wurde. Den Zauber der jungen Donau mit dem Fahrrad zu entdecken, ihre Landschaften, Anwohner, Städte und Kunstschätze, das ist unser Ziel. Machen wir uns auf den Weg!

# Erster Reisetag

## Faszinierende Kunstwerke, Einstein und die schwäb'sche Eisebahne: vom stolzen Ulm nach Munderkingen

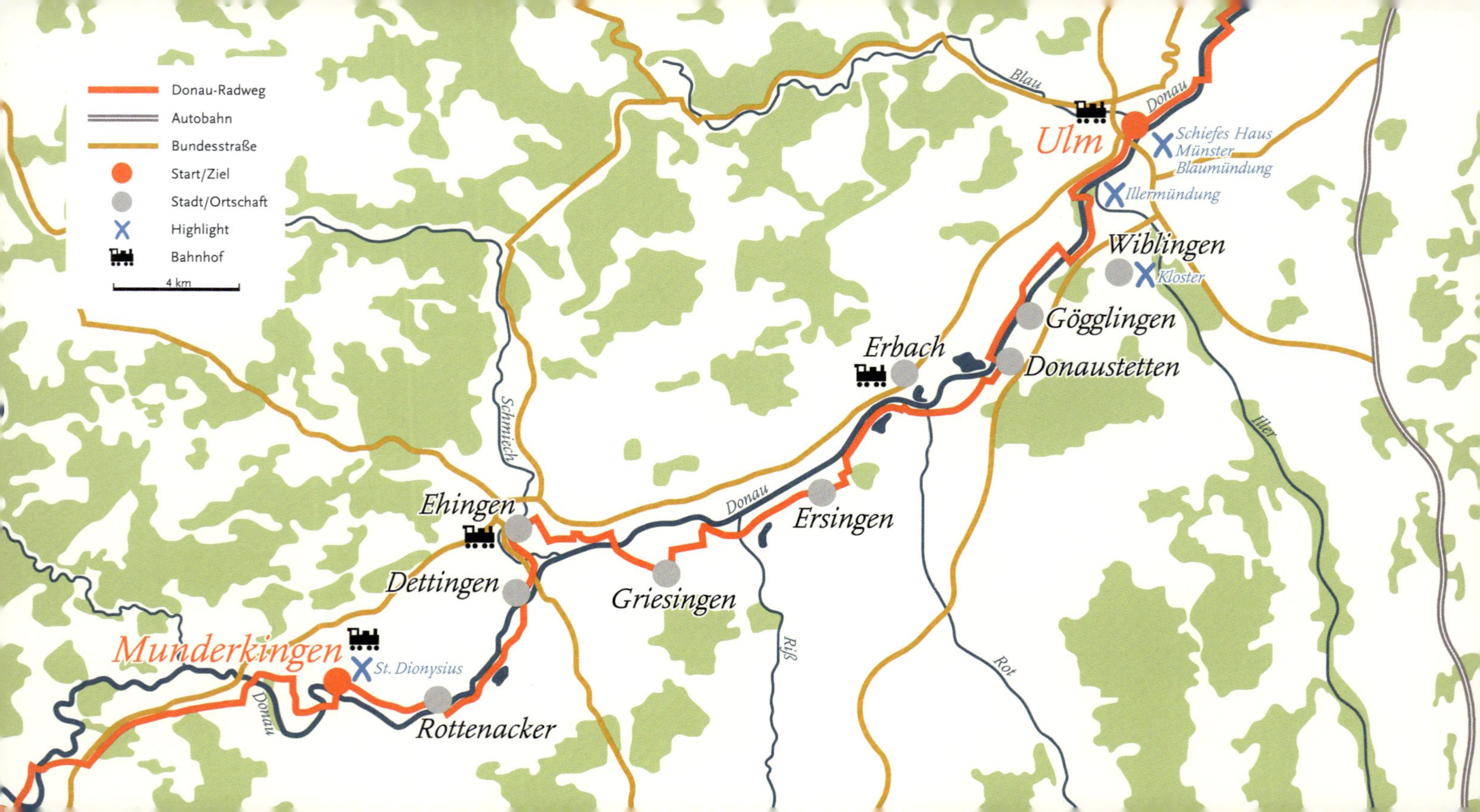

Donau-Radweg
Autobahn
Bundesstraße
Start/Ziel
Stadt/Ortschaft
Highlight
Bahnhof
4 km
Ulm
Donau
Blau
Schiefes Haus
Münster
Blaumündung
Illermündung
Wiblingen
Kloster
Gögglingen
Donaustetten
Erbach
Iller
Rot
Ersingen
Donau
Riß
Griesingen
Schmiech
Ehingen
Dettingen
Rottenacker
Munderkingen
St. Dionysius
Donau

# Erster Reisetag

## Faszinierende Kunstwerke, Einstein und die schwäb'sche Eisebahne: vom stolzen Ulm nach Munderkingen

### Ulm

Hinauf oder hinunter? Wie bereist man einen Fluss am besten? Viele entscheiden sich dafür, dem Lauf des Wassers zu folgen. Sportlicher jedoch ist die Fahrt »zurück zu den Quellen«, zumal der Plural in diesem Fall treffend ist, bringen doch bekanntlich Brigach und Breg die Donau zu Weg. Es gibt noch ein weiteres Argument für den Weg gegen den Strom: Die Donau ist einer der wenigen Flüsse, bei dem die Flusskilometer von der Mündung aus aufwärts gezählt werden, die Quellen also erst am Ende sprudeln. Zudem gibt es noch einen praktischen Grund: Der Startbahnhof Ulm ist leicht zu erreichen – will man hingegen mit dem Zug zur Quelle (etwa von Triberg), kommt man schwer ins Schwitzen. (Wer dennoch bei den Quellen starten möchte: das Buch einfach rückwärts lesen!)

Unser Startpunkt zur Erkundung der jungen Donau ist das stolze Ulm. Hier ist die Donau Grenzfluss. Im nördlichen Teil des Flussbetts würden die Fische schwäbeln, im südlichen würden sie bayerisch sprechen, wenn sie denn könnten. Obwohl, die Menschen schwäbeln lustig an beiden Ufern. Zwar läuft die politische Grenze zwischen Bayern und Baden-Württemberg mitten durch die Donau, Dialekte aber haben ihre eigenen Gesetze. Sie sind fröhliche Anarchisten und scheren sich nicht um Politik.

Wir sind mit der Bahn angereist und schwingen uns auf unsere Räder. In der Nähe des Ulmer Hauptbahnhofs plätschert die Blau vorbei, ein Nebenfluss der Donau. Nomen est omen, schon im nahen Blautopf, der Quelle der Blau, leuchtet die

Blau so blau. Das macht wohl der Kalk, den die Blau mit sich führt, vielleicht auch irgendein anderer Blaumacher, wer weiß das schon so genau.

Mit unseren Rädern folgen wir dem Lauf der Blau in die Stadt hinein, mitten durch das malerische Fischerviertel, wo die Fachwerkhäuser über dem Wasser hängen und sich auf schmalen Brücken die Touristen drängeln, um einen Blick auf die Idylle zu werfen, besonders auf das Schiefe Haus.

Dicht am Flussufer machen wir einen Einkehrschwenk und stärken uns mit Spätzle und einer Maultaschensuppe für die Reise. Die schwäbische Küche scheint für Radfahrer wie gemacht, Kohlenhydrate sind optimale Energielieferanten. Eine mit Kopfsteinen gepflasterte Rampe läuft hinter unserem Tisch in die Blau hinein. Vermutlich eine mittelalterliche Slipanlage, um Fischerboote zu Wasser zu lassen. Ein Spatz nutzt die Stelle als Badeplatz. Er putzt so hingebungsvoll sein Gefieder, dass wir uns schwören, nie wieder von einem Dreckspatz zu sprechen.

Zum Spatz hat Ulm ein besonderes, ja fast schon intimes Verhältnis. Beim Bau des Ulmer Münsters habe ein mächtiger Balken nicht durch das Stadttor gepasst. Als man das Tor schon einreißen wollte, sah man, wie ein Spatz beim Durchfliegen eines Mauerlochs das Köpfchen so zur Seite drehte, dass der Strohhalm, den er im Schnabel hatte, mühelos hindurchpasste. Was der Spatz kann, das können wir schon lange, dachten sich die Ulmer und legten den Balken der Länge nach auf die Kutsche. Schon konnte es mit dem Bau des Münsters weitergehen.

Weiter geht es auch für uns. Wir kurven an modernen Gebäuden vorbei, an einer gläsernen Bibliothek und einem Kunstmuseum – Ulm kann auch Moderne! – und gelangen zum Weinhof, dem ältesten Teil der Stadt. Hier stand einst eine Königspfalz, ein Hotel für die reisenden Kaiser des Heiligen Römischen Reichs Deutscher Nation, am 22. Juli 854 wurde in diesem Haus eine Urkunde besiegelt, welche die Existenz Ulms zum ersten Male nachweist. Eine Stadt mit langer Tradition.

Lange Tradition besitzt auch die Arkade, die an den Turm der Pfalzkapelle angebaut ist, das Schwörhäuslein. Turm und Kapel-

Schiefes Haus: Keine Angst – die Hotelbetten stehen gerade!

Zentralbibliothek: Wo sich Tradition in der Moderne spiegelt

le ließ man später abreißen und durch ein neues Schwörhaus ersetzen. Was hat es mit dem Schwörhaus auf sich?

## Der Ulmer Schwörmontag

»Reichen und Armen ein gemeiner Mann zu sein in allen gleichen, gemeinsamen und redlichen Dingen ohne allen Vorbehalt.« Jedes Jahr am vorletzten Montag im Juli betritt der Ulmer Oberbürgermeister den Balkon des Schwörhauses, hebt die rechte Hand und spricht die Eidesformel. Diese ist viele Jahrhunderte alt, weshalb man sie in modernes Deutsch übersetzen musste. Allerdings hat man sich nicht getraut, auch das Wort *gemein* zu modernisieren, weshalb es gelegentlich zu Missverständnissen kommt. *Gemein* ist nicht im Sinne von *böse* zu verstehen, sondern im Sinne von *gemeinsam*. Der Bürgermeister gelobt also, sich in gleicher Weise

für die Reichen wie für die Armen einzusetzen, keineswegs eine Selbstverständlichkeit im Mittelalter.
Die Schwörformel findet sich bereits in der ersten Ulmer Verfassung, die mit hoher Wahrscheinlichkeit im Jahr 1345 verabschiedet wurde. Spricht man von Griechenland, England oder den Vereinigten Staaten von Amerika als Mutterländern der Demokratie, so hat man auch die Freie Reichsstadt Ulm hinzuzuzählen.
Die Bürger der Stadt waren stolz auf ihre Verfassung, welche die Rechte des Stadtadels, der Patrizier, begrenzte und die Rechte der Handwerker stärkte, die in Zünften organisiert waren. Im ersten *Kleinen Schwörbrief* war sogar festgeschrieben, dass die Zünfte die Mehrheit im Rat zu stellen hatten, was im *Großen Schwörbrief* aus dem Jahre 1397 nochmals bestätigt wurde.
Allein, die schönste Verfassung nutzte nichts, wenn sie dem Kaiser nicht gefiel. Im August 1548 vertrieb Karl V. die Vertreter der Zünfte aus dem Rat. Zwar trotzten die Ulmer dem Kaiser bereits wenige Jahre später das Recht ab, erneut Mitglieder der Zünfte in den Rat zu wählen und auch den abgeschafften Schwörtag wiedereinzuführen, jedoch blieb der Rat in seiner Mehrheit von nun an aristokratisch beherrscht.
Das blieb so, bis der letzte römisch-deutsche Kaiser abdanken musste und sich fortan Kaiser von Österreich nannte (was ja auch ein schöner Titel ist). 1802 verlor Ulm den Status als Freie Reichsstadt und wurde bayerisch, wenige Jahre später württembergisch. Von nun an hatte Ulm keine eigene Verfassung mehr. Was nun mit dem Schwörtag? Während die anderen süddeutschen Städte ihren Schwörtag abschafften, hielten die Ulmer unverdrossen an ihrer Tradition fest, Verfassung hin, Verfassung her. Es ging schließlich nicht nur um einen juristischen Akt, es ging vor allem auch um das schöne Fest, das dem Eid folgte. Am Nachmittag nämlich geht's zum Nabada in die Donau, das fröhlichste sommerliche Fest, das sich denken lässt. Nabada kann man ins Hochdeutsche am ehesten mit Hinab-Baden übersetzen, dem vergnügten Sich-treiben-lassen auf den Donauwellen.
Auch am Ufer geht es bis in die Nacht hoch her und die Ulmer Kinder führen in der Friedrichsau ihre Lampions aus. Am Samstag zuvor werden 8000 Lichter aufs Wasser gesetzt, eine Lichtersere-

Turm des Ulmer Münsters: Höher geht's nicht!

nade, die auf der Donau einmalig ist. Und wer zur Schadenfreude neigt, der kommt alle vier Jahre auf seine Kosten: Beim Fischerstechen geht's stets feucht-fröhlich zu, denn die meisten Fischer landen bei den Fischen in der Donau.

Die Schwörformel scheint uns nicht aus der Mode gekommen zu sein. Sich in gleicher Weise für Reiche und Arme einzusetzen, ist auch heute leider keineswegs eine Selbstverständlichkeit. Wie in allen attraktiven Städten klettern auch in Ulm die Mieten in die Höhe. Eine sozial orientierte Stadtregierung hat die schwierige Aufgabe, für Ausgleich zu sorgen.

Unter solchen Erwägungen erreichen wir den Münsterplatz und müssen den Kopf gewaltig in den Nacken legen. Was für eine Kirche! Ein Besuch des 1377 gegründeten Ulmer Münsters muss einfach sein, ist das Münster doch das schönste bauliche Zeugnis der großen Ulmer Bürgertradition. Keine größere Bürgerkirche findet sich im deutschsprachigen Raum. Und kein höherer Kirchturm auf der ganzen Welt. Und vielleicht kein schönerer. Dieser Goliath muss natürlich bestiegen werden, liebend gerne wollen wir die Donau vor unserer Flussreise doch einmal von oben betrachten.

Zunächst jedoch bleibt unser Blick am Hauptportal der Turmvorhalle haften. Was für eine originell erzählte Schöpfungsgeschichte! Während von der Spitze des Bogenfelds der Teufel aus dem Himmel stürzt, gibt sich Gott redliche Mühe, das Leben auf der Erde zu gestalten. Auch nach der Vertreibung aus dem Paradies steht er dem Menschen hilfreich zur Seite. Besonders anrührend eine Darstellung unten links: Gott betätigt sich als Damenausstatter, indem er Eva in ein hübsches Kleid hilft. Während Eva shoppt, muss Adam rechts zur Hacke greifen, um das Feld zu beackern. So also stellten sich die Ulmer Meister die erste Rollenverteilung der Menschheit vor, Alice Schwarzer würde vor Empörung protestieren.

Auf dem weitläufigen Platz stehen Dutzende von seltsamen Plastikmännchen herum, während ein Mann von einem Bollerwagen weitere Figuren ablädt, schwarze, blaue und grüne. Einsteine! Alles Einsteine! Kunstprofessor Hörl hat wieder einmal zugeschlagen und ein neues serielles Kunstwerk produziert. Nach den Dürerhasen auf dem Nürnberger Hauptmarkt, nachdem er Bayreuth mit Wagner zugestellt hatte, Weimar mit Plastik-Goethes und Franken mit Friedrich-Rückert-Büsten, ist nun Ulm an der Reihe.

Hörls Einstein gefällt uns. Frech und selbstbewusst betrachtet das Physikgenie seine Geburtsstadt und die Ulmer betrachten ihn. So entsteht ein stiller Dialog, an dem sich auch fröhlich die Ulmer Kinder beteiligen, welche die Plastikfiguren in immer neuen Formationen aufstellen, mal als Reihe, mal wie Spieler auf einem Fußballfeld, mal wie Schachfiguren. Einstein lässt alles mit sich machen, ohne zu protestieren. Der Mann hatte Humor. Davon angesteckt, beugen wir uns zu einem kleinen Mädchen nieder und deuten auf die nahestehenden Figuren: »Einstein, Zweistein, Dreistein …« Noch eine weitere Berühmtheit er-

Himmlische Umkleidekabine

$E = mc^2$

blickte in Ulm das Licht der Welt. Haben Sie Lust auf ein Rätsel? Hier die erste von drei Infos: Die gesuchte Frau feierte unter dem Pseudonym Ninotschka am Broadway große Erfolge.

Nun aber ab in die Kirche! Die Räder parken wir am linken Haupteingang, dort geht es auch zum Turm hinauf. Was aber sollen wir mit den Radtaschen machen? Sie im Kirchenschiff der Aufsicht des Heiligen Geistes anvertrauen? Schließlich ist doch Pfingsten, des Heiligen Geistes größte Stunde. Vielleicht aber wird er zu sehr mit ernsteren Dingen beschäftigt sein als mit dem Hüten profaner Ortlieb-Säcke. So suchen wir den Verkaufsshop auf, der im rechten Eingangsbereich untergebracht ist. Die junge Verkaufsdame sagt uns, wir sollten unser Gepäck nur ruhig in eine Ecke stellen, hier sei noch nie etwas weggekommen. Ehrliche Leute, die Ulmer, das gefällt uns.

Von der Last befreit betreten wir das Kirchenschiff. Alles ist in farbiges Licht getaucht. Das liegt an den modernen Kirchen-

Gotischer Säulenwald

fenstern, durch welche die Mittagssonne fällt. Wir schreiten von einem Fenster zum anderen, beeindruckt von den modernen Interpretationen der uralten biblischen Geschichten. Kirchenfenster sind ja immer auch Filter. Sie wählen sich aus dem Himmelslicht die Farben aus, halten viele zurück, lassen andere passieren und treffen so eine Auswahl, um uns die himmlische Botschaft noch deutlicher zu machen, als es das weiße Himmelslicht vermag. Künstler lieben es, Kirchenfenster zu gestalten. Markus Lüpertz meinte, der Vorteil von Fenstern gegenüber von Bildern sei der, dass man sie nicht so einfach abhängen könne. Die ältesten Fenster des Ulmer Münsters, der größten evangelischen Kirche Deutschlands, geben Lüpertz Recht. In der Besserer-Kapelle – benannt nach einer Patrizierfamilie – stehen die Apostel am Totenbett Mariens. Interessantes Detail: Petrus trägt eine Brille! Vor fast 600 Jahren hat der Künstler Hans Acker dieses Fenster geschaffen, Brillen waren damals noch eine echte Rarität, was zeigt, dass die Donaustadt Ulm schon früh die Nase im Wind hatte.

Die Fenster hatten das Glück, nicht nur dem Schmuck zu dienen, sondern auch dem profanen Zweck, Wind und Regen abzuhalten. Wer weiß, was sonst mit ihnen passiert wäre! In Ulm tobte der protestantische Bildersturm schlimmer noch als anderswo, kostbarste Altäre und Figuren fielen ihm zum Opfer. Viele dieser Kunstwerke wurden von Meistern gestaltet, die man in ihrer Gesamtheit mit einem besonderen Namen bezeichnet.

## Die Ulmer Schule

»An ihren Früchten sollt Ihr sie erkennen!«, heißt es in der Heiligen Schrift. An den Früchten der Ulmer Künstler lässt sich ermessen, was für eine großartige Kunstmetropole die Stadt Ulm im Mittelalter war. Was machte das Besondere der in Ulm entstandenen Kunstwerke aus? Schlicht und einfach ihre Qualität. Auch wenn sie sich formal kaum von gotischen Kunstwerken anderer Zentren

unterscheiden lassen, ist doch das künstlerische Niveau außerordentlich.
Die Schaffensperiode der Künstler der Ulmer Schule umfasst das 15. und 16. Jahrhundert. Der Begriff der *Schule* allerdings ist irreführend, die beteiligten Maler, Bildhauer und Bildschnitzer beeinflussten sich zwar wechselseitig, es wäre ihnen jedoch fremd gewesen, eine eigene Schulordnung festzulegen, ein Ausbildungscurriculum etwa oder Ähnliches. Im Austausch standen sie auch mit anderen kunstsinnigen Städten wie Augsburg, Kempten und Nürnberg, wo Albrecht Dürer, Adam Kraft und Veit Stoß wirkten, und darüber hinaus mit Prag, Venedig und Brabant. Auch ohne Internet war die Vernetzung erstaunlich gut. In Zünften organisiert, nahmen sie außerdem Einfluss auf die Stadtpolitik. Vier Beispiele wollen wir nennen, um einen Begriff von den Ulmer Meistern zu vermitteln, Vertreter der vier Generationen.
Zur ersten Generation zählt Hans Multscher (um 1400–1467). Ihm haben wir den Schmerzensmann des Münsters zu verdanken, eine vom niederländischen Realismus beeinflusste Darstellung, welche die Schmerzen Christi in unsagbar mitleiderregender Weise plastisch macht. Früher an der Hauptfassade angebracht, wo ihn heute eine Kopie ersetzt, ist er nun zum Schutz vor Wind und Wetter im Inneren des Münsters zu bestaunen. Der Schmerzensmann bildete den Abschluss der Schöpfungsgeschichte, wie sie das Hauptportal erzählt, die Erlösung von der Schuld.
Der zweiten Generation gehört Michel Erhart an, der von 1469 bis 1522 in Ulm eine große Werkstatt betrieb. Gehen Sie zu dem außerordentlichen Chorgestühl und bewundern Sie die Schnitzereien. Auf der untersten Stufe sind intelligente Köpfe der vorchristlichen Zeit zu sehen, es folgen die Propheten und Prophetinnen des Alten Testaments und in den Kielbögen des Baldachins schließlich die Zeugen für das Christentum, die Apostel und Märtyrer.
Während das Werk als Ganzes Jörg Syrlin dem Älteren zugeordnet wird, stammen die ausdrucksstarken Büsten der antiken Gelehrten wohl sämtlich aus der Hand Michel Erharts. Das Bildprogramm mag erstaunen. Allein, dass sich eine Büste des Terenz findet! Das zeigt, wie weltoffen das als dunkel verschriene Mittelalter gewesen ist. Terenz war schließlich Komödiendichter und Heide noch

dazu, ihn in einer christlichen Kirche darzustellen, ist keineswegs eine Selbstverständlichkeit. Michel Erhart gelingt eine schlichte, aber überzeugend lebensnahe Interpretation. Das gestaffelte Bildprogramm symbolisiert die Weisheit des Mittelalters: Jede Kultur steht auf den Schultern ihrer Vorgängerin.

Hauptvertreter der dritten Generation ist der Bildhauer Niklaus Weckmann, der von 1481 bis 1526 in Ulm arbeitete. Ihm haben wir den Sebastiansaltar des Ulmer Münsters zu verdanken, auch die 17 Figuren des Westportals stammen aus seiner Werkstatt.

Zur vierten und letzten Generation der Ulmer Schule gehört Daniel Mauch. Um das Jahr 1477 geboren, verließ er Ulm im Zuge der Reformation; ihrem fanatischen Bildersturm fielen auch viele seiner Werke zum Opfer. Die Ulmer Schule musste schließen. Maler, Schnitzer und Bildhauer waren in Ulm nicht länger gefragt. – »Jeder gute Baum bringt gute Früchte hervor«, heißt es in der Bibel. Betrachtet man all die noch verbliebenen Werke, so muss die Ulmer Schule ein sehr guter Baum gewesen sein.

Ulmer Schule: Chorgestühl mit meisterlichen Schnitzereien

Von Daniel Mauch soll sich im Donaustädtchen Munderkingen eine Darstellung des Heiligen Sebastian erhalten haben. Munderkingen liegt auf unserer Reiseroute. Vielleicht gelingt es uns, einen Blick auf Mauchs Meisterwerk zu werfen. Wer sich ausführlicher mit der Ulmer Schule beschäftigen möchte, der besuche das schöne Ulmer Museum.

In einer Ecke im rechten Seitenschiff treffen wir einen alten Bekannten, den Ulmer Spatz. Aus Stein gemeißelt, hält er weiter mit keckem Blick seinen Halm im Schnabel. Sympathische Geste der gotischen Baumeister, sich selbst auf den Arm zu nehmen.

Nun aber hinauf auf den Turm! Nach einigen Versuchen akzeptiert die Schranke unsere Eintrittskarten, die wir wie beim Flughafen-Check-in vor ein Lesegerät halten müssen. Dann wendeln wir uns die enge Treppe hinauf. Wir wendeln und wendeln und wendeln …, es scheint kein Ende zu nehmen, wir bekommen den Drehwurm und müssen uns beim Blick durch

Der Spatz: das Wahrzeichen von Ulm

das durchbrochene Maßwerk immer wieder vergewissern, wie hoch wir schon gekommen sind. Der höchste Kirchturm der Welt! Wahrscheinlich wird er für alle Zeiten auch der höchste bleiben. Wo entstehen schon noch neue Kirchen, und wenn welche entstehen, so doch keine Kathedralen mehr. Ulm wird seinen Eintrag im Guinness-Buch der Rekorde auf alle Zeiten behalten.

Ein Zwischengeschoss ist erreicht. Wir kommen an einem großen Korb vorbei, der an einem Seil hängt. Mit ihm konnte sich der Glockenmeister hinablassen, wenn sich ein Klöppel verklemmt hatte. Die älteste und wichtigste der 13 prächtigen Glocken ist die Schwörglocke, die nur von Hand und nur am Schwörmontag geläutet wird. Sie ist sogar älter als das Münster und hing früher in einer »Kirche über dem Feld« außerhalb der Stadtmauern.

Weiter geht's dem Himmel entgegen. Treppenlaufen soll ja sehr gesund sein. Unser alter Doktorvater hat uns den Rat gegeben, niemals einen Aufzug zu nehmen und wo immer möglich das Treppenhaus zu erstürmen. Es soll schon Wettkämpfe in dieser Disziplin geben. Das Ulmer Münster aber bietet sich hierfür nicht an, an ein Überholen ist aufgrund der Enge nicht zu denken.

Endlich endet die Treppe. Doch noch sind wir nicht oben, sondern erst auf einem Sockel, über dem sich die filigrane Turmkonstruktion erhebt. Ein Schwabe erklärt zwei Japanern auf Englisch die Geschichte der Kirche. Wir schieben uns schnaufend vorbei und nehmen das Finale in Angriff. Einige Minuten später ist es geschafft. Wir sind oben. Ganz oben. Und schauen durch ein Sicherungsgitter in die Tiefe. Nichts für Schwindler. Klein wie Ameisen bewegen sich die Menschen auf dem Münsterplatz, die Einsteine sind zu winzigen Punkten geschrumpft. Wir aber haben nur eines im Sinn: die Donau. Anmutig schlängelt sich ihr silbernes Band von Westen nach Osten, herrlich weit geht der Blick in die Ferne, im Süden sind im Dunst die Alpen zu erahnen. Alle ihre nordöstlichen Wasser strömen der Donau zu. Wie heißt noch gleich der Spruch? »Iller, Lech, Isar, Inn fließen rechts zur Donau hin, Altmühl, Naab und Regen kommen ihr von links entgegen.« Der alte Schülerreim ist natürlich eine grobe Verkürzung, wird doch die Blau glatt unterschlagen und mit ihr zahlreiche andere Nebenflüsse. Aber so ist die Welt, was zählt, ist nur die Größe.

Donauabwärts ist mit Neu-Ulm bereits eine bayerische Stadt zu erkennen, exakter müssen wir natürlich von einer bayerisch-schwäbischen Stadt sprechen, denn die bayerisch-baden-württembergische Staatsgrenze ist ja keine Sprachgrenze. Auch an den bayerischen Ufern der Donau wird weiter kräftig geschwäbelt, im ganzen Donau-Ries, bis es hinter Donauwörth dann plötzlich heißt: »Mia san mia!« Ein Stück donauaufwärts glauben wir die Iller zu erkennen, kurz vor Ulm schmiegt sich von Süden kommend ein grünes Band an das Donauufer heran. Nun, wir werden der Sache nachgehen, verläuft doch unsere Fahrt in genau diese Richtung, also nach Westen.

Knappe 300 Flusskilometer liegen vor uns, ein Zehntel der gesamten Donau. Neun Zehntel liegen donauabwärts, mit stolzen 2811 Kilometern (plus Breg!) ist die Donau nach der Wolga europäischer Vizemeister. Und sie wird immer länger! Auf ihrem langen Weg nach Osten schwemmt sie, allen Wehren zum Trotz, jede Menge Material mit sich und schiebt ihr Delta immer weiter ins Schwarze Meer hinein. So kommt es, dass sich der Leuchtturm von Sulina, offiziell die Stromkilometer-Null-Markierung, heute dafür schämen muss, viele Kilometer von der Mündung entfernt einsam und ziemlich sinnfrei im Binnenland herumzustehen.

Schmal ist es hier oben auf der Galerie um die Turmspitze, sehr schmal. Kommt einem jemand entgegen, muss man den Bauch einziehen. Wir werfen einen letzten Blick hinab. Vergebens suchen wir beim Blick über das Dächermeer das Haus, in dem der von uns gesuchte Star seine ersten Schreie getan hat. Hier die versprochene zweite Information: Es handelt sich um eine Schauspielerin und Sängerin. Eines ihrer Chansons trug den Titel »Für mich soll's rote Rosen regnen«.

Blick vom Münsterturm: Die Donau lockt in die Ferne

Im Jahr 1811 hatte ein Mann ernsthaft vor, vom Turm des Ulmer Münsters abzuheben. Der Turm war zwar damals »nur« 100 Meter hoch, dennoch sind die Ulmer Ratsherrn als weise zu loben, dass sie dem Luftikus keine Starterlaubnis für den Münsterturm erteilten.

## Der schwäbische Ikarus

Albrecht Ludwig Berblinger (1770–1829) war gelernter Schneider. Sein Lebenstraum aber war ein anderer: Er wollte wie ein Vogel durch die Lüfte fliegen. Als Schneider und Mechaniker (er hatte geniale Beinprothesen entwickelt) verfügte er über das notwendige Handwerkszeug, um sich aus Stoff einen Hängegleiter zu bauen, wobei er sich die Natur zum Vorbild nahm und den Flug der Eulen studierte. Heimlich schlich er sich mit ersten Modellen in die

Ulmer Weinberge am Michelsberg, um die Aufwinde zu nutzen, welche die Südhänge entlangstreichen.
Die Leute nahmen ihn nicht ernst und verspotteten ihn, ja die Kollegen von der Schneiderzunft drohten ihm sogar mit Strafen, sollte er seine Spinnereien nicht einstellen. Doch Berblinger ließ sich nicht beirren. Sein Erspartes steckte der gebürtige Ulmer in immer neue Flugmodelle, bis er schließlich sicher war, den Jungfernflug wagen zu können. Der Traum vom Fliegen, der alte Traum der Menschheit, würde er dem jungen Schneider gelingen?
Ulm, 30. Mai 1811. Sogar König Friedrich I. von Württemberg, der den mutigen Schneider mit einer großzügigen Spende unterstützt hatte, war zum Premierenflug gereist. Weil Berblinger nicht vom Münsterturm springen durfte, wich er auf die Adlerbastei am Donauufer aus, wo er die Abflughöhe durch ein Gerüst auf zwanzig Meter erhöht hatte. Leider aber waren am 30. Mai die Windverhältnisse ungünstig, der Schneider bekam einfach nicht genügend Luft unter die Flügel. Er musste den Versuch auf den nächsten Tag verschieben, was besonders enttäuschend war, weil der König bereits wieder abreisen musste.
Am nächsten Tag hatte sich erneut eine dichte Menge von Schaulustigen an den Donauufern eingefunden, darunter auch der Bruder des Königs. Erneut aber spürte der Schneider, dass der Wind auch heute nicht mitspielte, und zögerte. Darauf wurde die wartende Menge ungeduldig und forderte lautstark seinen Sprung. Ein Polizeidiener stieß ihn an, der Schneider sprang, taumelte, stürzte – und landete in der Donau. Bereitstehende Fischer zogen ihn unter dem Hohngelächter des Publikums aus dem Fluss.
Von dieser Schmach hat sich der Flugpionier nicht mehr erholt. Der Ikarus von Ulm starb verarmt mit nur 58 Jahren in seiner Heimatstadt. Auch sein Fluggerät erlitt ein trauriges Schicksal und wurde unter amtlicher Aufsicht auf einem Scheiterhaufen verbrannt. Sein Fluggerät aber ist trotzdem noch zu bewundern: Ein Nachbau schwebt im Treppenhaus des Ulmer Rathauses.

Die Adlerbastei: Startrampe für den Jungfernflug

Es wird Zeit, wieder hinabzusteigen. Beim Hinabwendeln lässt mich Jonas die Anzahl der Stufen schätzen, ich tippe auf 800, Jonas auf 799. Wer näher dran ist, gewinnt. Ich bekomme den Auftrag, mir die vollen Hunderter zu merken. 300, 400, 500 … Die Erde kommt bedrohlich näher, die Ameisen werden wieder zu Menschen und die Punkte zu Einsteinen. 600, 700, 754! Jonas hat gewonnen, wieder einmal. Wir verabschieden uns von unserer netten Garderobenfrau. Sie hat recht behalten, unsere Taschen sind noch da. Jonas gibt ihr den Tipp, oben am Turmumlauf eine Einbahnstraßenregelung zu etablieren, sie verspricht, die Anregung weiterzugeben.

Nachdem wir wieder auf die Räder gestiegen sind, befragen wir den Einsteinaufsteller, wie viele Plastikmännchen es denn noch werden, erhalten aber nur eine ungefähre Angabe – was Einstein wiederum gefreut hätte, denn nichts ist gewiss und alles relativ. Gewiss aber ist, dass unsere gesuchte Ulmer Künstlerin einen der größten Skandale der deutschen Filmgeschichte

Hildegard Knef: ein echtes Donaukind

verursacht hat. Im Film *Die Sünderin*, der 1950 gedreht wurde, huschte sie im Evakostüm über die Leinwand, Demonstrationen und Vorführverbote waren die Folge – wissen Sie nun, um wen es sich handelt? Es ist Hildegard Knef. Der Weltstar wurde kurz nach dem Weihnachtsfest 1925 in Ulm geboren, der Vater starb sehr früh, die Mutter zog mit der kleinen Hildegard nach Berlin. Wer mehr über das Leben der Knef erfahren möchte, der greife zum *Geschenkten Gaul*, ihre Autobiografie war ein echter Bestseller. Oder er fahre vom Münsterplatz zur nahen Bockgasse. Zwischen ihr und der parallelen Turmgasse stand das Geburtshaus der kleinen Hildegard.

Nun aber hinunter durch ein Stadttor zum Fluss! Wir grüßen die Donau herzlich. Für die nächsten Tage wird sie uns zur Gefährtin werden. So jung sie in Ulm noch ist, verfügt sie doch schon über eine beachtliche Größe. Wer wird ihr wohl ihren Namen gegeben haben?

## Woher hat die Donau ihren Namen?

Danuvius hieß die Donau bei den Römern, Danuvius war zugleich der römische Name für den personifizierten Flussgott des Donaustromes. Aber natürlich ist die Donau auch in vorrömischer Zeit nicht namenlos gewesen, die Römer haben ihren Namen lediglich latinisiert. Möglicherweise waren es die Kelten, die den Namen Donau geprägt haben, oder mit den Skythen oder Sarmaten ein iranisches Volk. Die Sprachen beider Völker sind indogermanischen Ursprungs, die Wurzel *dehnu* bedeutet schlicht und einfach *das Fließende* oder eben *Fluss*, wodurch das wesentliche Charakteristikum der Donau schon bezeichnet ist, denn was wäre ein Fluss, der vergäße zu fließen?
Auch eine andere Übersetzungsvariante schien lange gebräuchlich gewesen zu sein. Friedrich Nicolai, der Berliner Aufklärer und Reiseschriftsteller, behauptete, der Name Donau heiße übersetzt *der zweiflüssige Strom* und spiele damit auf die Hochzeit von Brigach und Breg an.

Interessant ist, dass die Donau in der Antike noch einen zweiten, gänzlich anderen Namen trug. Nur der Oberlauf hieß Donau, der Unterlauf aber Ister. Die Gelehrten streiten noch darüber, ob sich Ister vom indogermanischen »schnell, hurtig« ableitet oder vom keltischen »hoch, tief«, womit die unterschiedlichen Wasserstände bezeichnet werden. Als die Kartografen begriffen, dass es sich bei Donau und Ister um denselben Fluss handelte, beendete man die doppelte Bezeichnung, seitdem kennt man die Donau nur als Donau, von den Quellen im Schwarzwald bis zur Mündung ins Schwarze Meer.

Ein Weilchen grübeln wir darüber nach, warum die Donau wie die meisten Flüsse im Deutschen weiblichen Geschlechts ist. Ausnahmen sind der Rhein und der Main, auch der Neckar, ansonsten dominieren die Damen: die Isar, die Havel, die Spree, die Weser, die Elbe, die Mosel … Zufall? Oder ein Zeichen

Ulm: auch von der Flussseite sehenswert

dafür, dass die Germanen der Meinung waren, Flüsse hätten vorwiegend weibliche Eigenschaften? Vielleicht ist etwas dran. Argument 1: Mit dem Wasser der Flüsse tränkt Mutter Erde Mensch und Tier. Argument 2: Während viele Männer mit dem Kopf durch die Wand wollen, umschmeicheln die Flüsse sanft den harten Fels, schleifen ihn unermüdlich ab und bahnen sich so mit Geduld und Beharrlichkeit ihren Weg. Frauen-Power eben.

Als weiblich gilt auch die Eigenschaft des Sammelns. Flüsse sind Wassersammler, und die Donau ist einer der eifrigsten unter ihnen. Wo all das Wasser herkommt, das hier bei Ulm vorbeiströmt? Der Einzugsbereich der Donau ist gewaltig. Auf die gesamte Flusslänge berechnet, entwässert die Donau acht Prozent von Europa, eine Fläche fast dreimal so groß wie Deutschland. Anders ausgedrückt: Jeder zwölfte Regentropfen, der auf Europa niedergeht, landet in der Donau. 200 Millionen Menschen leben in ihrem Einzugsbereich. Das Donauwasser hier bei

Ulm kann von hohen Alpengipfeln stammen, aus dem österreichischen Kleinwalsertal, aus dem Allgäu, von der Schwäbischen Alb und aus dem Schwarzwald natürlich, um nur die wichtigsten Einzugsgebiete zu nennen. Setzt ein Kind in Kempten eine Nussschale auf die Wellen, kann das Schiffchen am Ulmer Münster vorbeitreiben, ein Fisch könnte Verwandte in Memmingen besuchen oder die Oberschwäbische Hochebene, fast bis zum Bodensee. Das meiste Wasser stammt eindeutig von den rechten Zuflüssen. In den Alpen und im Alpenvorland regnet es eben mehr als in den nördlichen Regionen, deren Flüsse der Donau von links zufließen.

Schön ist das Stadtpanorama vom Donauufer aus. Über die Stadtmauer – oder ist es ein Hochwasserschutzwall? – geht's nun flussaufwärts Richtung Westen. Ein Sonnentrotzer sei die Donau, befand der griechische Chronist Herodot, fließt sie doch der Sonne entgegen, während die meisten europäischen Ströme die Nord-Süd-Ausrichtung bevorzugen. Schiller nimmt die Perspektive der Donau ein und lässt sie ihre Fließrichtung in Versen ausdrücken:

*Gegen den Aufgang ström' ich, der Freiheit, der Musen Gefilde*
*Lass' ich hinter mir, lang, eh' der Euxin mich noch trinkt.*

Euxin? Was meinte Schiller, der Freiheitskämpfer, damit? Rasch mal nachgegoogelt. Aha! Euxin ist ein Synonym für das Schwarze Meer, Pontos Euxeinos nannten es die Griechen, das gastfreundliche Meer. Aber was meint Schiller damit, dass die Donau die Freiheit hinter sich lässt? Konnte Schiller hellsehen? Hatte er den Eisernen Vorhang vorausgeahnt, der 150 Jahre später aus der Donau einen geteilten Fluss machen sollte, bevor ihn die friedliche Revolution von 1989 wieder lüftete? Ein Rätsel.

Am Uferweg taucht ein Hinweisschild auf, das uns auf unserer weiteren Reise begleiten wird, eine blaue Welle über grünem Ufer: der Donauradweg. An der Einmündung der Blau sehen wir längliche Boote auf dem Wasser schaukeln, die sogenannten Zillen. Eine von ihnen steht hübsch bemalt auf

Schlank und elegant: die Zille

einem nahen Platz zu bewundern. Zu den größeren Zillen gehört der vielleicht berühmteste Bootstyp, der in Ulm je gebaut wurde.

## Die Ulmer Schachtel

Das berühmteste aller Ulmer Boote ist die Ulmer Schachtel. »Schachtel« war ein Spottname, trieben die Schiffe doch breit und behäbig und wenig elegant mit den Donauwellen. Im Spott aber war sicher eine Prise Neid mit dabei, denn die von der Ulmer Schiffbauerzunft konstruierten Lastkähne erfreuten sich großer Beliebtheit. Besonders schnittig mussten sie auch gar nicht sein, ging ihre Fahrt doch ausschließlich die Donau abwärts, »Naufahrten« nannte man das. Im Verhältnis zur Ladung waren die Schachteln sehr gewichtig, was aber nichts ausmachte, ganz im Gegenteil, denn am Ziel wurden die Boote zerlegt und die stolzen Stämme teuer verkauft. Die bis zu dreißig Meter langen und bis zu 7,5 Meter breiten Schachteln, die mit langen Stangen und Ruderblättern gesteuert wurden, konnten jede Menge Waren und

Die Ulmer Schachtel: Mit ihr geht's nur flussabwärts

Passagiere aufnehmen; eine Hütte in ihrer Mitte ließ sie wie die schwäbische Variante der Arche Noah aussehen.

Die Schachteln verkehrten nach einem regelmäßigen Fahrplan, weshalb man sie »Ordinari« nannte, und gelangten über Regensburg, Passau und Linz bis nach Wien und gelegentlich noch weiter die Donau hinunter nach Budapest oder Belgrad. Von Weitem bereits erkannte man ihre Herkunft, leuchtete doch das Weiß und Schwarz der Ulmer Stadtfarben als lustiges Streifenmuster an der Bordwand. Schon im Mittelalter baute man die Zillen, wie dieser Bootstyp offiziell genannt wurde. Wer will, kann die Ulmer Schachteln noch beim Nabada, dem traditionellen Wasserumzug, bewundern.

Das Wetter ist sonnig, die Temperaturen in den hohen Zwanzigern. An den Uferwegen geht es lustig zu, Spaziergänger, Jogger, Inlineskater und Radfahrer umkurven sich gegenseitig. Eine Gruppe von Rentnern lässt fröhlich die Nordic-Walking-Stöcke auf den Asphaltboden knallen. Die Ulmer halten sich fit. Wir aber machen noch einen kleinen, aber wichtigen Abstecher zu einer Kirche, die von ihrer Größe und Baugeschichte zwar nicht mit dem Ulmer Münster mithalten kann, deren Besuch aber dennoch dringend empfohlen werden muss, die Martin-Luther-Kirche. Sie darf nicht unerwähnt bleiben, will man den mutigen Ulmern ein Denkmal setzen.

## Die Pfeifenkammer der Martin-Luther-Kirche

Die Martin-Luther-Kirche ist eine architektonisch originelle Kirche aus den 1920er-Jahren. Hinter dem Orgelprospekt befindet sich ein versteckter Raum, die Pfeifenkammer. In dieses Versteck zogen sich im Januar 1943 zwei junge Leute zurück, Franz-Josef Müller und Hans Hirzel. Auch Susanne Hirzel, die Schwester von Hans, gehörte zu dem geheimen Zirkel. Vor ihnen lag eine echte Fleißaufgabe, ein dicker Stapel von Flugblättern. Jedes Blatt musste kuvertiert und beschriftet werden. Das ging nicht mit der

Hans und Susanne Hirzel, Franz-Josef Müller: mutige Freiheitshelden

Martin-Luther-Kirche: Widerstandsnest in der Pfeifenkammer

Hand, das wäre zu gefährlich gewesen, man hätte ihre Handschriften identifizieren können. So mussten die Freunde die Adressen mit der Schreibmaschine schreiben, Dutzende, Hunderte von Kuverts. Nächtelang waren sie beschäftigt.
Das Flugblatt, das sie in Umlauf bringen wollten, hatte ebenfalls ein Ulmer entworfen, der jetzt in München lebte, Hans Scholl. Es war bereits das fünfte Flugblatt dieser Art, das schärfste, das entschiedenste der *Weißen Rose*. Es war unter dem Eindruck der Niederlage von Stalingrad verfasst, rief alle Deutschen unmissverständlich dazu auf, mit den Nazis zu brechen, den Irrsinn des Krieges zu beenden und für ein freies und gerechtes Europa zu kämpfen. Heimlich hatte es Sophie Scholl, die Schwester von Hans, mit dem Zug nach Ulm gebracht. Kurz darauf wurden die beiden Widerstandskämpfer beim Verteilen der Flugblätter in der Münchner Universität erwischt, eingesperrt und hingerichtet.
Auch ihre Ulmer Unterstützer aus der Pfeifenkammer wurden verhaftet und ins Gefängnis gesteckt, ein weiteres Mitglied der *Weißen Rose* hatte unter der Folter ihre Namen verraten. Glücklicherweise überlebten die Helden aus der Ulmer Pfeifenkammer den Terror. Vielleicht hatten ihnen ihre blonden Haare und die blauen Augen das Leben gerettet. Nazi-Chefrichter Freisler brüllte: »Sie haben ja ein rassisch gutes Aussehen, wie konnten Sie da gegen den Führer sein?« Franz-Josef Müller (1924-2015) gründete 1986 die Weiße-Rose-Stiftung. Die Pfeifenkammer wurde zu einem kleinen Gedenkraum umgestaltet.

Zurück am Donauufer gerät nach wenigen Radelminuten linker Hand ein stolzer Zufluss in den Blick, die Iller. Die Iller kann mit der Donau absolut mithalten. Welcher Fluss mehr Wasser führt, können wir mit bloßem Auge nicht unterscheiden. (Nur von der Elbe weiß man, dass sie mehr Wasser führt, das *Mehr* aber muss man mit doppeltem *e* schreiben, damit der Witz zum Witz wird.)

Der Name Iller kommt aus dem Keltischen und bedeutet »die Eilige«, was wir gut nachvollziehen können, wer hätte es nicht eilig, sich in die schöne Donau zu stürzen? Genau wie ihre große Schwester hat auch die Iller mehrere Mütter, die Breitach, die Stillach und die Trettach, die sich bei Oberstdorf vereinigen. Vor dem Münden in die Donau aber wird die Iller immer stiller – (ist das von Schiller?). Wieder tanzt uns der Merksatz durch den Kopf: »Iller, Lech, Isar, Inn …«

Mit der verdoppelten Wassermenge hat die Donau ihre Pubertät beendet und ist zum reifen Fluss geworden. Von Ulm an konnte sie Lasten tragen. Flussaufwärts aber reichte das Wasser nicht für nennenswerte Schiffe, so werden wir auf dem Weg zu den Quellen keine Häfen beschreiben können. Schade – und auch wieder nicht. Denn Flüsse, die nicht schiffbar sind, dürfen noch munter durchs Land fließen. Ob man der Donau diese Freiheit gelassen hat? Wir werden sehen.

Aber wäre es nicht klüger gewesen, die Ulmer hätten ihre Stadt vor den Zusammenfluss von Donau und Iller gelegt? Bekommen sie nicht ständig nasse Füße? Diese Gefahr ist zum Glück gering, Donau und Ilm verteilen ihr Hochwasser hübsch verschieden. Schmilzt der Schnee auf der Alb und im Schwarzwald und rollt die erste Donauhochwasserwelle auf Ulm zu, hält sich die Iller vornehm zurück und wartet, bis in den Alpen die Temperaturen steigen. Fällt im Einzugsbereich der beiden Flüsse ergiebiger Regen, schickt die flotte Iller das Wasser rasch an Ulm vorbei, bevor die träge Donau mit ihrem Hochwasser angeschwommen kommt. So arbeiten Donau und Iller auf sympathische Weise antizyklisch.

Wollten wir ins Allgäu, könnten wir den Iller-Radweg wählen, der auch sehr schön sein soll. Aber natürlich bleiben wir der Donau treu. Auf Reisen braucht man zweierlei: offene Augen für alles, was links und rechts des Weges lockt, zugleich jedoch den festen Willen, sich nicht vom rechten Weg abbringen zu lassen. Zur Not muss man die Odysseus-Methode wählen, Sie wissen schon. Als sich der antike Held den Sirenen näherte, deren verführerischer Gesang jeden sogleich über Bord springen ließ, verzichtete er zwar auf das von der Crew gereichte Oropax, ließ sich zugleich jedoch an den Mastbaum binden, eine

Maßnahme, die ihm das Leben rettete. Was wird wohl unser Mastbaum sein, wenn die Sirenen singen?

Also den Blick strikt geradeaus gerichtet und munter voran. Jungen Eltern müssen wir ausweichen, die stolz ihre Kinderwägen schieben. Ob auch Frau Einstein ihren Kleinen am Donauufer entlanggeschoben hat? Bald nach seiner Geburt im März 1879 zog die Familie nach München, wo der Vater mit einem Onkel einen Betrieb zur Gas- und Wasserinstallation gründete – viele Erinnerungen wird der kleine Albert an seine Geburtsstadt kaum gehabt haben. Dennoch fand er, schon als genialer Physiker berühmt, anlässlich seines 50. Geburtstags schöne Worte für seine Heimatstadt: »Die Stadt der Geburt hängt dem Leben als etwas ebenso Einzigartiges an wie die Herkunft von der leiblichen Mutter. Auch der Geburtsstadt verdanken wir einen Teil unseres Wesens. So gedenke ich Ulm in Dankbarkeit, da es edle künstlerische Tradition mit schlichter und gesunder Wesensart verbindet.« Das war im Jahr 1929, fünf Jahre später wurde er vom Deutschen Reich zwangsausgebürgert.

Nach der großen Konfluenz, der Vereinigung von Donau und Iller, ist dringend ein Abstecher ans andere Donauufer zu

Strahlendes schwäbisches Barock: Kloster Wiblingen

empfehlen. Im Zwickel der beiden Flüsse, besser noch im Zwickel des Autobahnkreuzes Neu-Ulm, liegt die zu Ulm gehörende Ortschaft Wiblingen.

## Wiblingen

Die Kirche der ehemaligen Benediktinerabtei ist ein großartiges Beispiel für einen Baustil, der den gesamten Lauf der Donau prägt: das Barock. Die lichte Kuppel des Zentralraums ist von Januarius Zick (1730–1797) ausgemalt worden, von dem auch der Hochaltar stammt.

Trotz der barocken Pracht wirkt die Kirche nicht überladen, im Gegenteil, der Raum ist von einer fast vornehm zu nennenden Zurückhaltung, man meint bereits, den einsetzenden Klassizismus zu atmen. Im Kontrast zur barocken Ausstattung steht das Kruzifix, ein Werk der Hochgotik, das einst im Ulmer Münster gehangen hat. Fast noch großartiger als die Klosterkirche aber wirkt auf uns der Bibliothekssaal, der gleichfalls zu besichtigen ist. Auch wer es nicht so mit dem Gottesglauben hat, hier kommt er auf seine Kosten, denn den Saal beherrschen die Wissenschaften. Lebensgroße Statuen verkörpern die Tugenden – die Geschichtswissenschaft etwa wird durch einen jungen Mann dargestellt, der auf der Schulter seines Vorgängers sitzt, sympathische Bescheidenheit, die auch heutigen Wissenschaftlern gut zu Gesicht steht. Licht und hell ist der Raum, essenzielle Voraussetzungen für Vernunft und Verstand, die man in einer wissenschaftlichen Bibliothek anzutreffen hofft. So licht und hell der Raum aber auch ist, kommt die Nacht, soll es hier spuken. Davon berichtet eine alte Klostergeschichte.

Wo stöbert man schöner? Bibliothekssaal Wiblingen

## Der vergessliche Mönch

Im 18. Jahrhundert lebte im Kloster ein Pater mit dem Namen Johannes. Eines Tages kam eine adelige Dame zu ihm mit dem Wunsch, bei ihm die Beichte abzulegen. Sei es, weil der Pater so vertrauenerweckend war, sei es, weil die Dame der Sünden gar viele zu beichten hatte: Das Gespräch muss sehr intensiv gewesen sein, so intensiv, dass Pater Johannes sich schriftliche Notizen über die begangenen Verfehlungen machen musste, er hätte sie sonst nicht alle im Gedächtnis behalten.
Damit der Zettel mit den Sünden der Dame aber nicht in fremde Hände fiel, steckte der Pater das Blatt in ein Buch. Das hätte vermutlich nicht so schlimme Folgen gehabt, wenn er nicht so vergesslich gewesen wäre. Denn nun nahm das Unheil seinen Lauf. Statt den pikanten Zettel wieder zu entfernen und zu vernichten, stellte er das Buch in ein Regal der Klosterbibliothek. Kurz darauf starb der Pater. Von seinem Gewissen gepeinigt aber muss er seitdem jede Nacht als Geist durch die Bibliothek schweben und Buch um Buch durchblättern, um seine Notizen wieder an sich zu nehmen. Sollten Sie den Zettel zufällig finden, bitte lesen Sie ihn nicht, sondern verbrennen Sie die Beichtgeheimnisse sofort. Pater Johannes wird es Ihnen danken.

Ich beschließe, sollte ich jemals wieder die Ohrenbeichte ablegen, meinen Beichtvater auf die Datenschutzgrundverordnung hinzuweisen. Am besten, er verzichtet auf jede Form schriftlicher Dokumentation. Ich hatte in meiner Jugend einmal einen Pfarrer erlebt, der war in seinem Beichtstuhl eingeschlafen. Ob mir allerdings meine damaligen Sünden vergeben worden sind, bedarf einer theologischen Untersuchung.

Das Kloster Wiblingen ist übrigens deutlich älter als das Barockzeitalter. Es geht auf eine Stiftung des Grafen von Kirchberg im Jahre 1093 zurück. Trotz dieser heiligen Handlung, die dem Adligen das ewige Seelenheil sichern sollte, scheinen auch die Grafen von Kirchberg des Sakraments der Beichte bedürftig

Frischer Saft in alten Mauern

gewesen zu sein, besonders Graf Wilhelm III., der im 13. Jahrhundert herrschte. In seiner Jugend hatte er in seiner Wut zwölf Männer erschlagen, während eines Streits dann zu allem Überfluss noch den eigenen Vater. Zwanzig Jahre vergingen, ohne dass diese Untat gesühnt worden wäre. Mord aber verjährt nicht. Der gerade an die Macht gelangte Kaiser Rudolf I. ließ den Wüstling verurteilen und enthaupten. Und noch etwas verfügte der Kaiser: Zum ewigen Gedenken an die Missetat mussten die Kirchbergs ihr Wappen ändern. Aus der unschuldigen weißen Jungfrau mit rotem Talar und glänzender Krone wurde eine wilde Mohrin mit zerzausten Haaren.

Politische Korrektheit war damals noch nicht angesagt. Rückgängig machen lässt sich der Wappenwechsel nicht mehr, denn mit Philipp von Kirchberg starben die Kirchbergs 1510 aus. Übrigens ist das Kloster der Moderne zugetan: Wer frische Elektronen tanken will, nur zu!

Zurück auf dem Donauradweg geht's an Gögglingen und Donaustetten vorbei, dann in leichtem Zickzack nach Erbach. Man merkt, die Schwaben sind fleißige Leute, überall in den Donauauen tummeln sich Gewerbegebiete und Fabriken. Langsam aber dünnen die Funktionsbauten aus und es wird grüner. Der Weg mäandert durch Felder und Wiesen, nicht immer ist die Donau gewillt, lästige Radler nahe an ihr Ufer zu lassen. Sei's drum. Zu einem Fluss gehören immer auch sein Tal und die Gemeinden an seinen Ufern.

## Erbach

Bei Erbach überspannt eine Eisenbahnbrücke die Donau, keine ganz gewöhnliche Strecke. Diese Eisenbahnlinie ist vielleicht die meist besungene der Welt.

Auf de schwäb'sche Eisebahne ...

## Auf de schwäb'sche Eisebahne

*Auf de schwäb'sche Eisebahne*
*gibt's gar viele Haltstatione:*
*Schtuegert, Ulm und Biberach,*
*Meckebeure, Durlesbach.*
*Trulla, rulla, rullala,*
*rulla, rulla, rullala,*
*Schtuegert, Ulm und Biberach,*
*Meckebeure, Durlesbach.*

Ja, gar viele Haltstatione gab es auf der ersten württembergischen Eisenbahnlinie, die im Jahr 1850 durchgehend befahrbar wurde. Die Station Meckebeure kommt allerdings, anders als besungen, erst nach Durlesbach. Durlesbach reimt sich eben auf Biberach, darauf musste der unbekannte Schöpfer des Liedes Rücksicht nehmen.
Die schwäb'sche Eisebahne hätte schon viel früher in Betrieb gehen sollen. Sehr zum Ärger des württembergischen Königs Wilhelm I. aber stritten sich die Dörfer zwischen Erbach und Biberach, jedes wollte ebenfalls eine *Haltstatione* bekommen. Wutentbrannt ließ sich der König die Karte mit den Planungen geben, nahm ein Lineal und zog einen schnurgeraden Strich durch die Landschaft, an allen Dörfern vorbei, sodass er endlich zu seiner hübschen Sommerresidenz Kloster Hofen an den Bodensee dampfen konnte.

*Auf de schwäb'sche Eisebahne*
*wollt emol a Bäuerle fahre,*
*geht an Schalter, lupft den Huet:*
*»Oi Billettle, seid so gut!«*

*Eine Geiß hat er si kaufet,*
*und dass sie ihm net verlaufet,*
*bindet sie der guete Ma*
*an de hintre Wage na.*

*Auf de schwäb'sche Eisebahne* wurde erstmals 1853 in einem Tübinger Kommersbuch gedruckt. Köstlich sollte man sich bald in ganz Deutschland über das dumme schwäbische Bäuerlein amüsieren, das aus reinem Geiz seines Ziegenbocks verlustig ging. Was musste er das arme Tier auch hinten anbinden? Der Gipfel der Dummheit aber war es, den armen Lokführer mit dem abgetrennten Geißkopf zu bewerfen. Wenn sich heutige Bahnmitarbeiter, leider oft zu Recht, über die mangelnden Manieren der Reisenden beschweren, so kann man sie vielleicht mit diesem Lied trösten. In den USA wäre der Bock natürlich am Leben geblieben, dort muss an jedem Zug geschrieben stehen, dass das Anbinden von Tieren am Zug tödliche Folgen haben kann.

In Schwaben und anderswo war das Anbinden eines Bocks an eine Postkutsche durchaus üblich, das muss zur Entschuldigung des Bäuerles noch erwähnt werden. Beim Weiterradeln pfeifen wir das fröhliche Liedchen, das mit seinem »Trulla-rulla-rullala« lautmalerisch gekonnt die Bewegungen einer Dampflok imitiert. Psychologisch betrachtet ist die heftige Reaktion des Bauern völlig korrekt. Sie steht in einem allgemeineren Sinn für das Gefühl vieler Menschen, in einer sich rasant verändernden Welt nicht mehr zurechtzukommen. Man kommt sich abgehängt vor, ohnmächtig. Wenn wir schon meinen, der immer neuesten technischen Entwicklung hinterherhecheln zu müssen, sollte man zumindest darauf achten, alle Menschen mitzunehmen.

Von Erbach geht's weiter nach Ersingen. Hier ergießt sich ein weiterer Fluss in die Donau, gegenüber der mächtigen Iller allerdings eher ein Flüsschen, die Riß. Auch die Riß, die man weiter mit ß schreiben darf, hat zwei Quellflüsse, die Warme Riß und die Kalte Riß. Wie groß ihr Temperaturunterschied allerdings tatsächlich ist, können wir nicht angeben, auch nicht, zu welcher Temperatur sie sich mischen, da die Riß von Süden kommt, wir aber radeln am nördlichen Ufer entlang.

Die Riß hat es zu einiger Berühmtheit gebracht, ist nach ihr doch eine eigene Kälteperiode benannt, die Riß-Kaltzeit, das zweitjüngste der vier kalten Geschwister. (Von Eiszeiten zu sprechen ist nicht länger zeitgemäß, der Begriff der Kaltzeit hat sich durchgesetzt.) Vor circa 130.000 bis 350.000 Jahren kalbten die Alpengletscher gewaltig und schickten in vier Anläufen ihre eisigen Massen gen Norden auf die Reise. Das bekam auch die Donau zu spüren, denn alle heutigen Flusstäler waren damals schon vorhanden.

Eine der Gletscherzungen schob sich sogar frech über die Donau und begann sie zu stauen. Bis heute prägt die mächtige Riß-Kaltzeit das Landschaftsbild. Die Schotter der ihr zugeordneten Moränen haben die Hochterrassen der Donauzuflüsse aufgebaut.

Was die damals hier wohnenden Donaumenschen sich wohl angesichts der Eismassen gedacht haben? Prima, nun können wir das ganze Jahr Ski laufen?

## Griesingen

In dem kleinen Ort Griesingen stoppen wir an einer Querstraße. Ein Gärtner ist damit beschäftigt, seinen Kompost zu befüllen. Wir loben den gepflegten Rasen und kommen ins Gespräch. Er sei seit wenigen Wochen Rentner, habe viele Jahrzehnte die Omnibusse durch Ulm gesteuert, gelegentlich auch die Tram. Manchmal lasse er sich noch anheuern, so sei der Sprung ins Rentnerleben nicht so hart.

Zahlreiche Obstbäume stehen auf dem gepflegten Grün, Pflaumen, Kirschen, Äpfel. »Macht sicher viel Arbeit, die Einmacherei«, sagen wir, »da wird Ihre Frau beschäftigt sein.« Er sei geschieden, lacht er, aber für eine neue Beziehung sei er offen. An Gelegenheiten würde es nicht mangeln, als Busfahrer habe er so manche Telefonnummer zugesteckt bekommen, beim nächsten Mal aber müsse wirklich alles passen. »Das Kribbeln im Bauch, woischt?« Wir wünschen ihm viel Glück und schwingen uns wieder in die Sättel. Langsam bricht der Abend herein. Wir radeln der untergehenden Sonne hinterher.

## Ehingen

Der nächste größere Ort ist Ehingen. Auf »-ingen« endet hier fast alles, wobei der Schwabe das »n« am Ende konsequent ignoriert.

### »-ingen«

»-enga«, sagt der Schwabe. »-ingen« oder »-enga«, gemeint ist genau das Gleiche. Die Germanen hätten mit dieser Endung eine Zugehörigkeit ausgedrückt, sagen die Sprachwissenschaftler. Sigmaringen bedeutet »dem Sigmar zugehörig«, also »die Siedlung des Sigmar«. Außer dem Namen eines lokalen Politikers konnte auch ein bestimmter Ort, etwa ein Fluss, mit der Endung »-ingen« versehen werden.

Marktplatz Ehingen mit stolzem Ständehaus

Nicht immer wird es gelingen, den Ursprung aller »-ingens« zu ergründen. Wie der Name Ehingen wohl entstanden ist? War es ein Herr Eh oder auch eine Frau dieses Namens? Oder sagte man sich, »da muss ich eh hin!«, und schon war der Name geboren? Später ging die Zugehörigkeitsbezeichnung »-ingen« im Ortsnamen auf. Die entlang der jungen Donau häufig anzutreffende Endung ist in Varianten in ganz Europa verbreitet, man denke nur an die englische Stadt Reading, das niederländische Scheveningen, das bayerische Freising oder an Blekinge in Schweden.

Ehingen war Schauplatz einer der merkwürdigsten Streitigkeiten der jüngeren schwäbischen Rechtsgeschichte. Eine Dame hatte es eilig, den Zug nach Ulm zu erwischen. Das herbeitelefonierte Taxi aber verspätete sich, im Ehinger Bahnhof leuchteten nur noch die Rücklichter des abfahrenden Zuges. Erbost rief die Dame den Chef des Taxiunternehmens an und verlangte, mit dem Taxi nach Ulm gefahren zu werden, auf Kosten des Taxiunternehmens selbstverständlich. Es kam zu einem längeren Disput. Nachdem alle Argumente ausgetauscht waren, beendete der Taxifahrer das Gespräch mit dem Ausruf: »Leck me am Arsch!«

Nun aber ging der Ärger erst richtig los. Die Dame war eben eine Dame, und als solche fühlte sie sich beleidigt, und zwar schwer. Sie zeigte den Taxiunternehmer an, es kam zum Prozess. Glücklicherweise fand sich ein weiser Richter, der nicht nur die Rechtswissenschaften, sondern darüber hinaus das Leben studiert hatte. Insbesondere schien er mit den Eigentümlichkeiten des schwäbischen Dialektes bestens vertraut, jedenfalls erklärte er den Taxiunternehmer für nicht schuldig.

Die vorgebliche Beleidigung, bestens auch als Schwäbischer Gruß bekannt, sei überhaupt keine, jedenfalls nicht in jeder Situation. »Leck me am Arsch« könne sogar ein Ausdruck höchsten Lobes sein, etwa wenn der für leicht debil gehaltene Sprössling plötzlich mit einer Eins in Mathe daherkommt. Zugleich kann sich in den Ausruf ungläubiges Erstaunen hineinmischen.

Stets zu Streichen aufgelegt: der Spritzenmuck vom Theodul-Brunnen

Schlägt der VfB Stuttgart die Münchner Bayern, bedeutet der Schwäbische Gruß nichts anderes, als dass ein zu 100 Prozent sicher angenommenes Ergebnis nicht eingetreten ist.

Auch als Begrüßung eignet sich die Redewendung. »Leck me am Arsch, der Jürgen!«, entfährt es dem Schwaben, wenn er am Würstchenstand auf Ibiza überraschend seinem Schafkopffreund begegnet. Niemals würde sich Jürgen deshalb beleidigt fühlen, sondern stattdessen den Gruß freudig erwidern. Im Falle des Telefonats, so der kluge Richter, habe der Taxiunternehmer mit dem Schwäbischen Gruß lediglich das Ende des Gesprächs anzeigen wollen. Wenn alle Argumente zur Genüge ausgetauscht seien, sei der Ausdruck ein geläufiges und keinesfalls beleidigendes Instrument zur Beendigung einer fruchtlosen Konversation.

Ob der Richter selbst schon Situationen erlebt hat, bei dem ihm der Schwäbische Gruß auf der Zunge gelegen hat? Man möchte es fast vermuten. Nun aber genug der schwäbischen Sprachkunde. Sehen wir uns lieber in Ehingen um. Der Marktplatz ist hübsch. Ein moderner Brunnen sprudelt in seiner Mitte, Faschingsgestalten tummeln sich um ihn. Die schwäbisch-alemannische Fastnacht muss uns ein eigenes Kapitel wert sein.

## Die schwäbisch-alemannische Fastnacht

»Als was gehst du denn dieses Jahr?«
Diese Karnevalsfrage, die man in Köln, Düsseldorf oder Mainz oft zu hören bekommt, stellt man sich an der Donau nicht. Die schwäbisch-alemannische Fastnacht ist anders. Hier wechselt man nicht jedes Jahr sein Kostüm, um mal als Cowboy, mal als Terminator zu gehen. An den Donauufern bleibt man seiner Häs treu, wie man das Faschingsgewand nennt, ja manche vererben es vom Vater auf den Sohn, von der Mutter auf die Tochter.
Die verschiedenen Fastnachtszünfte haben jeweils ihre eigenen, identitätsstiftenden Masken, die sorgfältig gepflegt werden. Am 6. Januar ist es vielerorts Brauch, das Häs aus dem Schrank zu ziehen und feierlich ans Licht zu hängen, sichtbares Zeichen dafür, dass die fünfte Jahreszeit begonnen hat. Bei aller Verschiedenheit der Kostümierung, charakteristisch für das Häs ist die Ganzkörpervermummung, auch das Gesicht verschwindet hinter einer Maske. Und auf die Gestaltung derselben wird größter Wert gelegt. Manche sind aus Holz geschnitzt, andere aus Stoff, Ton oder Papier.
»Die Narren haben eine Art von Harlekinstracht an, einen Fuchsschwanz an der Mütze und hinten an den Beinkleidern. Sie machen sich einen Bart und schwärzen sich wohl die Wangen und andere Teile des Gesichts.« Diese Beschreibung der Ulmer Fastnachtsgestalten stammt aus dem Jahre 1790, aber natürlich ist die schwäbisch-alemannische Fastnacht schon viel, viel älter.
Man vermutet, der Fuchsschwanz sei das Relikt aus den Ursprungszeiten, als sich die Narren in fantasievolle Tierfelle genäht hatten. Um den Winter zu vertreiben und sich durch das tolle Treiben in eine bacchantisch-erotische Stimmung zu versetzen,

schlüpfte man in ein wildes Kostüm, eine Art Tarnkappe, mit deren Hilfe man seine Triebe ausleben konnte, was dem gesitteten Bürger sonst streng untersagt war. Auch der Obrigkeit und den Würdenträgern konnte man im Schutze der Menge und der Anonymität ungestraft die Meinung geigen.

Manche vermuten, der Ursprung der Fastnacht liege in der anschließenden Fastenzeit begründet. Wohin mit all den Essensvorräten, die man nicht bis zum Osterfest aufbewahren konnte? Schnell noch ein paar Tage kräftig gesündigt! In diesem Sinne kann man in dem bunten Treiben eine Gegenwelt zu der folgenden Periode der Enthaltsamkeit und Selbstkasteiung sehen.

Was auch immer der Grund für die Fastnacht gewesen sein mag, man hält ihr an der Donau die Treue. Nicht nur in Ulm, auch und besonders in den kleineren Donaustädten schlüpft man in fantasievolle Masken. In Erbach kann man den Schella Bebbl, furchtbaren Wildschweinen und den blau-eleganten Schnai Walzer begegnen, in Griesingen fliegen grauenhafte Druden durch die

Vorsicht, Narrenalarm! Der Hexensprung in Ehingen

Nacht, um sich einem armen Schläfer auf die Brust zu setzen und ihn mit Albträumen zu quälen, in Ehingen treiben die Grogga Däler ihr Unwesen, unterstützt von den Kretta Weibern, den Kügele Hoi, den Pfanna Mata und den Mückenspritzern mit ihren lustigen Feuerwehrkostümen.

Bei den Umzügen mischen die Zünfte der Nachbarstädte kräftig mit, viele haben eigene Begrüßungsrituale entwickelt, die Narrenrufe. Im Hochschwarzwald grüßen die Narren mit »Narri!« und die Zuschauer antworten mit »Narro!«, in Ehingen rufen die schellenbesetzten Narren »Kügele!« und erwarten ein freudiges »Hoi!«

Damit aber keiner auf falsche Gedanken kommt, bei allem Spaß ist das Fastnachtstreiben durchaus geregelt. So haben sich die meisten Narrenzünfte einen Verhaltenskodex gegeben, der aus vielen Paragrafen besteht. Verboten ist zum Beispiel, sich im Schutz der Maske Dreistigkeiten gegenüber dem anderen Geschlecht zu erlauben. »Jedem zur Freud, keinem zum Leid«, lautet die Maxime.

Der vielleicht größte Narrensprung an der Donau geht in Ulm schon drei Wochen vor dem Faschingshöhepunkt über die Bühne. Beim großen ULMzug ziehen über 8000 Hästräger und Musiker durch die Innenstadt.

Die Narrenzünfte sind nicht nur in der Fastnachtszeit von Bedeutung, man trifft sich das ganze Jahr über. Die Zünfte sind ein wichtiges gemeinschaftsstiftendes Element und bereichern das Leben am Ort. Auch im allgemeineren Sinn spricht der Schwabe übrigens von seiner Häs, das Wort steht für Kleidung im weiteren Sinne. So versteht man unter der Schaffhäs die Arbeitskleidung, unter Sunntigshäs den Sonntagsanzug. Unsere Kleidung wiederum würde man als Radelhäs bezeichnen.

Vielleicht sollten wir unsere nächste Donauradtour zur Fastnacht machen. Dann gäbe es was zu erleben! Und zu genießen. Keine Einkehr wäre nötig, die Narren teilen stets großzügig ihre Gaben aus, sogar die schwäbischen. Schließlich muss ab Aschermittwoch gefastet werden. Wie weit man auf einer solch närrischen Tour allerdings käme, ist fraglich. An Schlaf wäre vielerorts nicht zu denken. Am besten, man gründete eine eigene Narrenzunft, die radelnden Teufelsboten etwa. Auch das Fahrrad ließe sich kostümieren, vielleicht als Höllenhund. »Klingeling!«, würden wir beim Passieren der Narrenzüge rufen, »Klingelong!«, schallte es dann fröhlich zurück.

Sollen wir vielleicht doch in Ehingen unser Zelt aufschlagen? Wir blicken uns an und schütteln die Köpfe. Wir sind noch fit und bis Munderkingen ist es nicht weit. Unseren Reiseführer zur Hand nehmend, zücken wir das Handy. Ein kurzes Telefonat mit einer Männerstimme. »Ein Doppelzimmer für heut' Nacht? Jawohl, geht in Ordnung.«

In einem kleinen Bogen rollen wir durch Ehingen zurück zum Fluss. Vor 300 Jahren war neben Ulm und anderen Donaustädten auch Ehingen Schauplatz einer der größten Migrationsbewegungen der deutschen Geschichte. Mehr als 700.000 Menschen sind die Donau hinab in die Ferne gefahren.

## Donauschwaben

Anfang des 18. Jahrhunderts. Am Unterlauf der Donau östlich von Wien, an den Ufern der ungarischen Donau, herrscht große Not.

Auf zu neuen Ufern! Die Reise der Donauschwaben (Hauswand in Ulm)

Zwar hat Prinz Eugen, der edle Ritter, mit seinen Truppen die Türken zurückgeschlagen und die Existenz des christlichen Abendlandes gerettet, die Kämpfe und die lange Fremdherrschaft aber haben unzählige Opfer gefordert, weite Landstriche sind entvölkert. Habsburgs Kaiser Karl VI. beschließt, tüchtige Leute anzuwerben, die sich an den ungarischen Donauufern niederlassen und die Landwirtschaft wieder in Schwung bringen.

Wo aber soll man Siedler für diese schwierige Mission gewinnen? Besonders im südwestdeutschen Sprachraum gibt es viele Menschen, die unzufrieden mit den Verhältnissen sind, Tausende Familien finden sich für den ersten Schwabenzug, nur wenige Kreuzer hat man ihnen mitgegeben, sie fahren einer ungewissen Zukunft entgegen. Der Name Schwabenzug führt in die Irre. Zwar besteigen viele Siedler in Schwaben die »Schachteln«, wie man die eilig zusammengezimmerten Transportschiffe nennt, viele aber sind gar keine Schwaben, sondern kommen aus dem Rheinland, aus Luxemburg, Franken und Bayern. Ihr gemeinsames Schicksal aber schmiedet sie zusammen, erst recht in ihrer neuen Heimat.

»Donauschwaben« nennt man sie bald, als Donauschwaben bezeichnen sie sich selbst. Die Anfänge sind bitter. Trotz gewährter Steuerfreiheiten ist es höchst mühselig, sich in dem verödeten Land eine neue Existenz aufzubauen, im Banat und den benachbarten Regionen, von denen eine höchst offiziell Schwäbische Türkei genannt wird. Dank der schwäbischen Tugenden Tüchtigkeit und Sparsamkeit aber wird die Kolonisation zum Erfolgsmodell.

Bald prosperiert das Land, bilden sich Städte und Handelsplätze, wobei der Donau als zentralem Transportweg eine besondere Bedeutung zukommt. Auch viele schlaue Köpfe bringen die Donauschwaben hervor, so Ignaz Semmelweiß, den Erfinder der modernen Krankenhaushygiene und Retter der Mütter, und auch Nikolaus Lenau, den Dichter, der seine Heimat so wunderbar besungen hat.

Mit dem Zerbrechen der Habsburger Doppelmonarchie nach dem Ersten Weltkrieg wurden die Grenzen neu gezogen, die Donauschwaben wurde zwischen Ungarn, Rumänien und Jugoslawien aufgeteilt. Zum Ende des Zweiten Weltkriegs wurde damit begonnen, die Donauschwaben zu evakuieren. Nur wenige blieben in ihrer Heimat. Ihr Dialekt zeigt an, dass gebürtige Schwaben bei den Auswanderern in der Unterzahl gewesen sein müssen, Donauschwäbisch klingt eher wie Pfälzisch.

Die Auswanderer in ihren Schachteln hatten es sicher nicht leicht, aber heutzutage wäre es noch schwieriger, von Ehingen aus eine Schifffahrt zu unternehmen. Stauanlagen bremsen immer wieder den Weg der Donau und lassen den Fluss breit anschwellen. Hochwasserschutz? Energiegewinnung? Die Böden hier scheinen fruchtbar zu sein. Weite Getreidefelder erfreuen das Auge, über das helle Gerstenhaar streicht zärtlich der Ostwind. Gelegentlich ein Altarm, von Sumpfpflanzen bestanden, Frösche quaken im Rohr fröhlich um die Wette.

Das Wetter ist seit Wochen außergewöhnlich warm, man spricht vom wärmsten Mai seit hundert Jahren. Blau und weiß leuchtet uns der Himmel, hinter uns aber, im Osten, beginnen sich die Wolken zu türmen. Ein Straßenschild kündigt »Deppenhausen« an. Wir müssen grinsen. Wer sagt, Schwaben hätten keinen Humor?

## Rottenacker

Hinter Dettingen durchqueren wir eine Weiherlandschaft, dann geht es über eine Brücke nach Rottenacker hinüber.

### Die mutigen Frauen von Rottenacker

April 1945. Die Alliierten rücken die Donau entlang nach Westen vor, Amerikaner und Franzosen. Überall lässt die Wehrmacht die Brücken sprengen, Verzweiflungsaktionen, um den Vormarsch des Feindes aufzuhalten. Sämtliche Donaubrücken zwischen Sigmaringen und Ulm hat man bereits in die Luft gejagt und auch an der Brücke von Rottenacker ist ein Sprengsatz deponiert. Hektisch

bereitet man sich in dem Donaustädtchen auf den Kampf vor, die Nachrichten beunruhigen, morgen wird der Feind erwartet.
Viele Bürger hoffen, dass das Gefecht verhindert werden kann, dass keine Schüsse fallen. Eine kampflose Einnahme ist aber nur möglich, wenn kein Widerstand geleistet wird. Nahe der Donau, beim Gasthaus *Löwen*, hat die Wehrmacht eine Panzersperre errichten lassen. Im Schutze der Nacht schleichen sich drei Rottenacker heran. Als sie sich an der Sperranlage zu schaffen machen, um die Straße zu befreien, werden sie von einem Wehrmachtsoffizier überrascht. Zum Glück lässt er sie nicht erschießen, befiehlt ihnen nur, die Sperre wieder zu schließen.
Vier junge Frauen, Rotkreuzschwestern. Ihnen wird befohlen, in der Hohegasse ein Notlazarett einzurichten. Eine von ihnen ist Gertrud Schwarzenbach, die Tochter des Friseurmeisters aus der Unteren Bruckstraße. Kaum ist das Lazarett notdürftig eingerichtet, eilt wie ein Lauffeuer die Schreckensnachricht durch den Ort: Die Amerikaner! Panzer der Amerikaner rollen auf Rottenacker zu! Bald hört man erste Schüsse fallen. Auch die Familie des Friseurs wird von der Angst gepackt. Was, wenn die Brücke gesprengt wird? Sie wohnen doch gleich nebenan, direkt am Donauufer. Schnell flüchten sie in den Keller. Stimmen nähern sich, Hilferufe sind zu hören. Drei deutsche Soldaten schleppen einen Kameraden herbei, er blutet, ist schwer verwundet. Die Rotkreuzschwestern kümmern sich um ihn. Als einer der Soldaten die Haustür öffnet, um zum Kampf zurückzukehren, rattert ein Maschinengewehr, getroffen bricht der Soldat zusammen. Die Rotkreuzschwestern können ihm nicht mehr helfen.
Doch was ist mit all den anderen da draußen? Soll man sie in ihrem Blut liegen lassen? Zwei Schwestern greifen sich eine Trage und eilen vor die Tür, wo sie ein amerikanischer Offizier überrascht. Er kann Deutsch und weist ihnen die Richtung. Auf und neben der Brücke würden viele Verletzte liegen, die Hilfe bräuchten. »Bei der Brücke? Und wenn die Brücke in die Luft fliegt?« »Wenn Sie nicht gehen, setzen wir die Kämpfe fort«, droht der Amerikaner, »und schauen Sie nach, ob der Draht noch zur Bombe geht, und schneiden Sie ihn durch.« »Wir sind vom Roten Kreuz«, erwidern die

jungen Frauen empört, »wir sind doch keine Soldaten.« Da mischt sich einer der schwer verletzten Soldaten ein. »Die Brücke kann nicht mehr hochgehen«, sagt er ächzend, »ich hab' den Zünder mit meinem Taschenmesser abgeschnitten.« Kurz darauf stirbt der mutige Mann in den Armen der Friseurtochter, der dritte bereits an diesem Tage.

Die Schwestern laufen los, eilen zur Brücke und schleppen einen Verletzten nach dem anderen in ihr Notlazarett. Wirklich helfen aber können sie vielen nicht. Notdürftig versorgen sie die Wunden, das schon, aber Operationen können sie nicht ausführen. Ein Arzt muss her. In Ehingen soll es noch einen geben. Also schleicht sich eine der Schwestern hinaus und radelt unter Lebensgefahr los. Doch der Arzt weigert sich zu kommen, solange in Rottenacker geschossen wird. So müssen die Schwestern allein weitermachen. Auch französische Soldaten versorgen sie, egal, ob sie deshalb beschimpft werden. Einem von ihnen aber können sie nicht mehr helfen. Jubelnd ist er den Amerikanern entgegengelaufen, sie haben ihn irrtümlich für einen Deutschen gehalten und erschossen.

Als der Kampf um Rottenacker zu Ende ist, müssen die vier Schwestern das Lazarett ins Rathaus verlegen, so viele Verletzte werden ihnen gebracht. Auch um das Essen müssen sie sich kümmern. Weil die Alliierten die Bäckerei beschlagnahmt haben, braten sie Kartoffeln. Noch bis in den Juli hinein haben sie Verletzte zu pflegen und Gefangene zu versorgen, versuchen, Kontakte zu den Angehörigen herzustellen, was ihnen streng verboten ist. Als einer der französischen Besatzungssoldaten davon Zeuge wird, zieht er die Pistole, hält sie der Friseurtochter an den Kopf. Zum Glück drückt er nicht ab. Gertrud Schwarzenbach überlebt, wird über neunzig Jahre alt. Die Kriegstage von Rottenacker aber wird sie nie vergessen.

Bewundernswerte Frauen in einer dramatischen Situation. Rottenacker wird uns im Gedächtnis bleiben.

Ein eigenes Kapitel ließe sich über die Donaubrücken schreiben. Wem Schilderungen wie diese vorkommen wie aus längst vergangenen Zeiten, dem sei das Jahr 1999 in Erinnerung gerufen. Bei der Operation Allied Force der NATO im Rahmen des Kosovokrieges wurden bis auf eine einzige sämtliche Donaubrücken Serbiens zerstört. Die Trümmer der Freiheitsbrücke von Novi Sad blockierten den Schiffsverkehr auf der Donau für lange Zeit. Was für ein Glück, dass alle Donauanrainer nun in friedlichen Zeiten leben.

## Munderkingen

Wenige Kilometer hinter Rottenacker taucht der Kirchturm von Munderkingen vor uns auf, wo die Donau eine lustige Schleife bildet. Die Pfarrkirche St. Dionysius befindet sich an der höchsten Stelle der Stadt, in der Mitte eines von der Donau gebildeten Umlaufberges. Die Kirche wurde bereits 1275 erwähnt und war dem Kloster Marchtal zugehörig. Verborgen

Von der Donau umschlungen: das schöne Munderkingen

im heutigen Dachbereich wurden an der Südseite noch Reste eines romanischen Dachtraufs gefunden. Für einen Besuch ist es schon zu spät, vielleicht ergibt sich morgen die Gelegenheit.

Wir radeln in das Städtchen hinein und klingeln an der Herberge. Man lässt uns ein Weilchen stehen, dann rührt sich etwas auf der Hochterrasse, ein Mann in giftgrünem T-Shirt schaut missmutig zu uns herab: »Einen Moment!« Der Moment vergeht, ein weiterer Moment kommt und vergeht ebenfalls, ohne dass sich die Tür öffnen will, es momentet zäh vor sich hin, dann endlich ein giftgrüner Schein hinter der Glastür. Nicht der Wirt, aber die Wirtin. Sie überreicht uns einen Kuhglockenschlüssel für den Fahrradhof, dann dürfen wir eintreten.

Unser Zimmer befindet sich im zweiten Stock. Alle Zimmer scheinen individuell gestaltet zu sein, unseres hört auf den Namen *Simpson,* und das völlig zu Recht. Plüschfiguren von Homer und Bart sitzen in den Ecken, die Wände sind mit Simpson-Zeichnungen tapeziert. Jonas lacht und deutet auf ein ge-

Munderkingen: Rathaus, Storch und Löwe

rahmtes Bild, das Homer zeigt: »I'm famous for my motivational skills. Everyone always says they have to work a lot harder when I'm around.« Ein fröhliches Zimmer, zweifelsohne, böse aber blickt es uns aus der Schreibtischecke an. Dort steht der spitznäsige Mister Burns und fixiert uns mit seinen kleinen missmutigen Pupillen.

Das Zimmer ist für zwei Männer etwas klein geraten. Besonders das rechte der beiden Betten. Eingezwängt zwischen Wand und Schrank würde es vielleicht für Bart Simpson reichen, nicht aber für einen ausgewachsenen Radfahrer, der seinen müden Füßen etwas Luft gönnen will. Jonas weiß eine Lösung. Mühsam ziehen wir das Bett aus der Nische, zumindest das Fußende, sodass es nun schräg ins Zimmer ragt. Sieht komisch aus, doch egal, für eine Nacht wird's schon gehen.

Auch sonst ist das Zimmer hochoriginell. Es weist zwei Seitentüren auf, links und rechts. Die linke geht zur Toilette, die rechte zum Bad und zur Dusche. Die Dusche ist das, worauf sich der Radfahrer am meisten freut. Frisch gewässert ziehen wir los zum Gasthof von Munderkingen, der vis-à-vis am Marktplatz liegt. Munderkingen hat eine sehr spezielle Geschichte.

### Donaustädte

Alles Mögliche lässt sich verpfänden, wenn man knapp bei Kasse ist: Uhren, Schmuck, Goldzähne ... Was man heute glücklicherweise nicht mehr weiß: Auch komplette Städte konnte man einst verpfänden. Als die Habsburger nach Mitteln suchten, ihren schlappen Staatssäckel zu füllen, fielen ihnen fünf Städte aus ihren vorderösterreichischen Besitzungen ein. 1384/86 verpfändete Herzog Leopold III. Munderkingen, Riedlingen, Mengen, Saulgau und Waldsee an die Truchsessen von Waldburg.

*Donaustädte* nannte man die fünf, auch wenn man von Saulgau und Waldsee ein gutes Stück laufen musste, um in der Donau baden zu können. Als der Handel perfekt war, war der Kummer in den betroffenen Städten groß, hatte man doch unter der Habsburger Herrschaft Bedingungen genossen, wie sie sonst nur Freien Reichsstädten gegönnt wurden. War der Akt der Verpfändung schon außergewöhnlich, so noch viel mehr die Einlösung des Pfandes. Normalerweise ist es ja der Schuldner, der – wieder zu Geld gekommen – seine Schuld begleicht und seine Armbanduhr, oder was auch immer er eingesetzt hat, vom Gläubiger zurückerhält. Anders im Fall der Donaustädte. Hier war es das Pfand selbst, das sich auslöste! Gegen die Zusicherung, dass Habsburg nie, nie wieder die Idee kam, sie zu verpfänden, zahlten die Fünf im Jahr 1680 dem Truchsessen sein Geld zurück und schlüpften wieder unter den österreichischen Mantel, um sich für weitere gut hundert Jahre wärmen zu lassen. Und auch wenn sie heute längst zu Baden-Württemberg gehören, brauchen sie sich nicht mehr zu fürchten: Das Verpfänden von Städten ist zum Glück aus der Mode gekommen.

Zu Vorderösterreich gehörte die Mehrzahl der Ortschaften entlang der jungen Donau bis hinauf in den Schwarzwald, wobei Vorderösterreich kein zusammenhängendes Staatsgebiet war, sondern ein bunter Flickenteppich, »durch Heiraten und auf anderem Wege zusammengeklaubt und gestuckt«, wie Erzherzog Ferdinand von Tirol schon im 16. Jahrhundert gespöttelt hatte. Auch weite Teile Oberschwabens, für das die Donau den nördlichen Grenzfluss bildete, standen unter österreichischer Herrschaft.

Hieraus erklären sich die katholische Prägung des Landes, die vielen Klöster und barocken Kirchen. Das österreichische Wappen zu führen war oft kein Schaden. Besonders Kaiserin Maria Theresia hatte etwas für ihre schwäbisch-österreichischen Landeskinder übrig, schuf ein öffentliches Schulsystem, neue Straßen und eine funktionierende Verwaltung. Außerdem sorgte sie für ein gerechteres Steuersystem.

Vor dem Gasthof werfen wir noch einen Blick zum Himmel hinauf. Die Wolken türmen sich bereits gewaltig, Wind kommt auf. Ob man noch draußen sitzen kann? Eine Familie mit zwei kleinen Kindern wagt es, wir tun es ihnen nach. Jonas entscheidet sich für eine grätenfreie Forelle, ich für mit Ricotta und Spinat gefüllte Maultaschen, mit geschmelzten Zwiebeln glasiert. Dazu gibt's ein großes Wasser und ein kleines Weinchen … Dann beginnt es am Himmel zu zucken, der Donner lässt nicht lange auf sich warten und es fängt an zu regnen.

Halten die Sonnenschirme? Wir bestellen ein zweites Wasser, das aber nicht gebracht wird. »Hab ich das Wasser schon gebracht?«, fragt der Wirt von der Tür aus. Wir verneinen, worauf er im Haus verschwindet, um uns kurz darauf eine neue Flasche auf den Tisch zu stellen. Die Blitze zucken heller, dunkler grollt der Donner. Wir beschließen, die Nachspeise doch besser drinnen zu bestellen.

Im Gasthof, in dem außer dem Frauenstammtisch niemand mehr sitzt, läuft der Fernseher. Der Wirt schaut sich einen Krimi an und schmiert sich dabei ein Honigbrot. Warum seine Frau, die in der Küche regiert, nichts für ihn kocht? Ihre Nachspeise jedenfalls ist göttlich, ein Glas gefüllt mit Erdbeer-Rhabarber-Kompott und weißer Creme. Dazu der köstliche Weißwein … Eine der besten Weinkennerinnen der Welt stammt aus der unmittelbaren Nachbarschaft – eine gute Gelegenheit, sie vorzustellen.

## Paula Bosch

Nicht unbedingt leicht, sich in einer Männerdomäne durchzusetzen. Der Beruf des Sommeliers war lange Zeit ein rein männlicher. Warum eigentlich? Ist der männliche Geschmackssinn feiner ausgeprägt als der der Frau? Paula Bosch jedenfalls hat bewiesen, dass Frauen die Geschmacksvielfalt der Weine mindestens genauso gut herausschmecken und beschreiben können.
Schon als Kind im nahen Riedlingen durfte sie gelegentlich kosten, wenn ihre Eltern eine Flasche entkorkten. Man goss ihr eine kleine Probe auf einen Teelöffel – und siehe da –, dem kleinen Mädchen schmeckte es. Das mag auch daran gelegen haben, dass die El-

tern süße Weine bevorzugten. Als Paula Bosch ihre Ausbildung zur Restaurantfachfrau in Walldorf begann, gab man ihr einen Rotwein zu probieren, der zu den besten der Welt gehört, einen Mouton Rothschild. Entrüstet rief sie darauf ihre Mutter an: Sauer wie Essig sei das Zeug!

Wie heißt es so schön in Goethes *Faust*? »So nimmt ein Kind der Mutter Brust nicht gleich im Anfang willig an.« Es braucht eine Zeit, sich an neue Geschmacksrichtungen zu gewöhnen.

Die junge Auszubildende ließ sich nicht abschrecken und experimentierte weiter, der Wein wurde zu ihrer großen Liebe. Exquisit war die Auswahl in der *Weinstube Leimeister* in Königstein im Taunus, wo sie nach ihrer Ausbildung als Chef de rang angestellt wurde, immer öfter jedoch auch als Weinberaterin fungierte. Als man im *Hotel Inter-Continental* im nahen Frankfurt den Posten des Sommeliers ausschrieb, bewarb sie sich. Wie groß wird die Enttäuschung gewesen sein, als man sich gegen sie entschied? Auch in *Pflaums Posthotel* in Pegnitz wollte man sie nicht haben. Selbstbewusst aber bewarb sich die junge Sommelière weiter.

1981 endlich bekam sie die Anstellung als Chef-Sommelière in einem Kölner Hotel. Über Düsseldorf führte ihr Weg nach München, wo sie im *Tantris* zwanzig Jahre lang die Feinschmecker beriet, Chefin über einen Weinkeller mit über 30.000 Flaschen. Seit 2011 arbeitet Paula Bosch als selbstständige Weinberaterin. Vielen Weinfreunden ist sie zudem durch Kolumnen in Fachzeitschriften bekannt, Leser der *Süddeutschen Zeitung* und Hörer des *Bayerischen Rundfunks* erfreuen sich an ihrer Kunst, das eigentlich Unmögliche möglich zu machen: Geschmack mit Worten so zu beschreiben, dass man meint, den Wein selbst auf der Zunge zu spüren.

Immer wieder versuchen Verlage, die erfolgreiche Sommelière dazu zu bewegen, Benotungen für Weine abzugeben, Sterne, Flaschen oder Weingläser zum Beispiel, deren Anzahl dem Leser auf einen Blick ein Werturteil verschafft. Das werde dem Wein nicht gerecht, meint Paula Bosch. Der Wein mit seiner ganzen

Komplexität entziehe sich der Bewertung durch simple Schulnoten. Sympathisch, finden wir. Paula Bosch ist, wenn man will, die Waldorf-Lehrerin unter den Weinpädagogen. Sie liebt es, lebendig von ihren Lieblingen zu erzählen, will ihre Leistungen jedoch nicht auf Zeugnisnoten reduzieren. Wir stoßen auf das Wohl der waschechten Donautochter an. Morgen werden wir ihren Geburtsort Riedlingen kennenlernen.

Nachdem der Frauenstammtisch das Lokal verlassen hat, sind wir die einzigen Gäste. Wir kommen mit dem Wirt ins Gespräch. Er hat in Tübingen Jura studiert und erweist sich auch sonst als intelligenter Mann. Für den Zug der Gewitter sei der Bussen verantwortlich, der heilige Berg der Oberschwaben, erklärt er uns. Über 700 Meter rage der Bussen in den schwäbischen Himmel, am Pfingstwochenende seien wieder Tausende von Männern hinaufgepilgert. Der Bussen teile die Winde und schicke die Gewitter mal nach Norden, mal nach Süden durchs Donautal. Meist zögen sie von Westen heran, kämen sie aber von Osten wie heute, knalle es noch heftiger.

Dann zückt er sein Handy und zeigt uns ein Filmchen, das ihm eine Freundin aus Ehingen geschickt hat. Zu sehen ist ein Hagelschauer, der auf parkende Autos niedergeht. Na, da haben wir ja noch mal Glück gehabt. Für den morgigen Tag gibt er uns Reisetipps und holt eine topografische Karte herbei. Wir fotografieren sie ab, für alle Fälle. Dann geht's durch den ab klingenden Regen hinüber zum Hotel, zur Simpson-Familie. Gute Nacht!

# Zweiter Reisetag

## Romantische Täler und steile Berge, Römer und Kelten: von Munderkingen über Zwiefalten nach Sigmaringen

Donau-Radweg
Tourvariante
Autobahn
Bundesstraße
Start/Ziel
Stadt/Ortschaft
Highlight
Bahnhof
4 km
Hayingen
Große Lauter
Wimsener Höhle
Untermarchtal
Munder
kingen
Donau
Zwiefalten
Münster
Obermarchtal
St. Dionysius
Bechingen
Riedlingen
Lauchert
Neufra
Kanzach
Schneie
Donau
Schloss
Hängegarten
Binzwangen
Sigmaringen
Heuneburg
Federsee
Schloss
Heuneburgmuseum
Scheer
Blochingen
Herbertingen
Sigmaringendorf
Zielfingen
Heimatmuseum
Kanzade
Zielfinger See
Ablach
Mengen

# Zweiter Reisetag

## Romantische Täler und steile Berge, Römer und Kelten: von Munderkingen über Zwiefalten nach Sigmaringen

Gut geschlafen? Wie man's nimmt. Die nahe Munderkinger Kirche liefert noch den vollen Service. Die ganze Nacht über zählt sie lautstark die Viertelstunden – ein Schlag, zwei Schläge, drei Schläge –, um nach dem vierten Schlag mit der zweiten, dickeren Glocke die volle Stunde zu deklinieren. Praktisch. So weiß man immer, wie spät es ist, wenn man geweckt wird. Das Frühstück wird im Café eingenommen, dem zweiten Standbein der Wirtsleute. Frühstücken soll der Radfahrer kräftig. Um Radler handelt es sich auch bei den Gästen an den anderen Tischen. Mit frisch gekochten Eiern und hausgemachtem Obstsalat stärkt man sich für die neue Tour. Alle sind wir früh aufgestanden, die Pfarrkirche schlägt halb acht.

### Pfarrkirche St. Dionysius

Wollen Sie ein historisches Fest des 15. Jahrhunderts nachfeiern? Dann kommen Sie nach Munderkingen! Die Meister des Munderkinger Altars haben es verstanden, die Passion Christi auf Tafelbildern so farbenprächtig und detailliert zu malen, dass man einen guten Eindruck von der Mode des späten 15. Jahrhunderts gewinnt. Ursprünglich handelte es sich wohl um den Hauptaltar der Kirche, er musste einer barocken Neuanschaffung weichen. Zum Glück jedoch hat man den gotischen Altar nicht zerstört, sondern in einzelne Tafeln zerlegt an den Wänden aufgehängt.
Vielleicht stammen diese wunderbaren Bilder aus der berühmten Ulmer Schule, doch auch in Kempten oder Nördlingen könnten sie gemalt worden sein, vielleicht sogar von Martin Schongauer

oder einem seiner Schüler. Mit noch höherer Wahrscheinlichkeit aber ist die Skulptur des Sebastian in Ulm entstanden, ein Werk von Daniel Mauch. Unter dem Schutzmantel Christi stehend, trägt der Märtyrer die Tafel der vier Nothelfer, ein vortreffliches Holzrelief. Alle 14 Nothelfer aufzuzählen, würde dieses Kapitel sprengen. Kennen Sie einen Schüler oder Studenten und Zweifel plagen Sie, ob er das Examen besteht, dann beten Sie zur heiligen Katharina.

Ein weiterer Helfer in Nöten ist der heilige Veit. Ihn ruft man nicht nur bei epileptischen Krampfanfällen an, er ist auch für Blasenleiden zuständig. Nässte sich ein Kind im Schulalter noch ein, so sprach man mit ihm lange Zeit folgendes Nachtgebet:

*Heiliger Sankt Veit,*
*weck mich bei der Zeit,*
*nicht zu früh und nicht zu spät,*
*damit nichts ins Bett reingeht.*

Ein letzter Schluck Orangensaft, dann bekommen wir unseren Kuhglockenschlüssel ausgehändigt und befreien unsere Drahtesel aus ihrem Stall. Auch die Wallfahrtskirche auf dem Frauenberg lohnt. Sie erzählt eine interessante Sage. Vor Zeiten trank eine Frau aus dem Brunnen; in dem Wasser aber schwammen Schlangeneier. Bald begann der Bauch der Frau anzuschwellen, immer dicker wurde sie, schmerzhaft bewegte es sich in ihrem Gedärm. Erschrocken kam ganz Munderkingen zusammen und betete und die Gebete wurden erhört: Nach und nach kroch eine Schlange nach der anderen aus dem Bauch der Frau, 62 an der Zahl. Um dem Übel auf den Grund zu gehen, stieg man in den Brunnen und fand auf seinem Grund die meterlange Mutterschlange, worauf man den Brunnen mit einer Haube verschloss. Der Brunnen mit der Haube ist heute noch zu besichtigen, ein Bild von der Schlange hängt in der Frauenbergkirche.

Frauenbergkirche mit sagenhafter Schlange

Auf zum Donauufer! Als wir am Ortsrand von Munderkingen stoppen, um uns zu orientieren, höre ich Jonas hinter mir rufen: »Papa, träume ich oder ist das der Flo?«

Ich drehe mich um und sehe einen jungen Radler mit weißem T-Shirt und Shorts über eine Karte gebeugt. Tatsächlich! Das ist er, ja verrückt, das ist der Flo! Unser Radelkamerad, mit dem wir zuletzt vor vier Jahren auf Tour gegangen sind, ein alter Schulfreund von Jonas. Die beiden Freunde fallen sich um den Hals. Unglaublich, was für ein Zufall! Flo, der in Franken als Geologe arbeitet, erzählt uns, er sei ebenfalls gestern in Ulm gestartet, habe wie wir die Donauroute aufwärts gewählt und in Ehingen übernachtet. Es sei die erste Tour seit vier Jahren, seit er mit uns unterwegs gewesen ist. Kann man's glauben?

Schnell werden unsere Reisepläne synchronisiert. Die ersten Kilometer radeln wir gemeinsam in den Morgen, die beiden jungen Leute werfen sich, wann immer es der Weg zulässt, fröh-

Manchmal sieht man vor lauter Schildern den Weg nicht mehr

liche Sätze zu. Bei einer kleinen Eisenbahnunterführung hinter Untermarchtal trennen sich unsere Wege bereits wieder. Jonas hat eine kleine Nebenroute ausfindig gemacht, die sehr lohnend sein soll, wie uns der juristische Wirt von Munderkingen bestätigte. Flo radelt weiter an der Donau entlang. Zwischendurch wollen wir miteinander telefonieren und einen Treffpunkt vereinbaren. Gute Fahrt!

Wir passieren den Eisenbahntunnel und folgen einem kleinen Nebenfluss, der auf der Schwäbischen Alb entspringt: die Lauter. »Lauter« bedeutet sauber oder rein. Wenn einer lautere Absichten hat, ist er reinen Herzens. Ganz so klar aber ist das Wasser heute nicht, das muss an dem kräftigen Gewitter liegen, das gestern niedergangen ist und Erdreich und Schlamm mit sich gerissen hat. Ins Tal der Lauter verlieben wir uns auf Anhieb. Abseits vom Autoverkehr gleicht es einer grünen Oase, in der alle Arten von Frühlingsblumen blühen. Unbegradigt darf sich das Flüsschen hindurchschlängeln, begleitet von baumbestandenen Höhen, die bald enger heranrücken.

Wir kommen an einer alten, hübsch renovierten Mühle vorbei. »Preiset ihr Quellen den Herrn« steht an der Frontseite zu lesen. Fromme Leute scheinen hier zu wohnen. Ein anderer Spruch kommt mir in den Sinn: »Die Mühlen Gottes mahlen langsam, aber gründlich.« Gut, dass solch finstere Botschaften in den Kisten der Religionspädagogik entsorgt worden sind. Welchem Zweck mag diese Mühle einst gedient haben? Die Energie, die man dem Fluss entzogen hat – wurde damit Korn zu Mehl gemahlen? Oder Raps zu Öl? Oder hat man schwere Hämmer auf Eisen niedersausen lassen? Oder ist es eine Papiermühle gewesen? Der Erfindungsreichtum des Menschen, speziell des Schwaben, war immer schon groß.

Wenige Radelminuten später der endgültige Beweis, dass man auch dieses so unberührt wirkende Tal wirtschaftlich genutzt hat. Nahe am Bach ist, geschützt von einer Holzdachkons-

Es klappert die Mühle am rauschenden Bach …

truktion, eine große gezackte Scheibe zu sehen, ein historisches Sägeblatt, mit dem man den Tuffstein, der im Lautertal gewonnen wurde, zerschnitten hat. Tuffstein, so wird uns Flo, der Geologe, erklären, sei recht weich und gut zu schneiden.

Wir radeln weiter. Hinter einer Kurve taucht ein Zeltplatz auf, ein Jugendlager. Die Betreuer liegen geschafft in der Sonne, die Nacht im Gewitterregen wird nicht leicht gewesen sein. Wie soll man alles wieder trocken bekommen? Ein kleiner Lastwagen versperrt uns die Weiterfahrt. Spritzend faucht ein Hochdruckreiniger, ein gemütlicher Arbeiter rückt blauen Dixi-Klos auf den Leib. Der Donnerbalken hat ausgedient, die modernen Pfadfinder sind zu loben.

In Schleifen geht es weiter bergan. Eine Burgruine taucht auf, hoch über dem grünen Tal, steil geht's nun ein Waldstück hinauf, wir schalten in den kleinsten Gang und kämpfen uns tapfer bergwärts. In der Tiefe hören wir es rauschen, springend schickt die Lauter ihre Wasser zu Tal, Stromschnellen sind zu er-

Die Wasserfälle der Lauter

kennen, ein kleiner Wasserfall auch. Auf der Höhe tritt der Wald zurück, der Blick geht über eine Hochebene. Ein unbebauter Acker ist zu sehen, die Erde durchsetzt von zahllosen Steinen.

## Die Schwäbische Alb

Was man sich kaum vorstellen kann: Einst erstreckte sich hier ein riesiger Ozean. Circa 150 bis 200 Millionen Jahre muss das her sein. Meere aber sind überaus lebendig, ständig sind sie in Bewegung, lagern Schichten um Schichten auf ihrem Grunde ab. Der Ozean ist lange verschwunden, geblieben aber sind die Ablagerungen. Die ältesten, tiefsten Schichten, der Lias, wird Schwarzer Jura genannt, heller ist die mittlere Schicht, der Dogger, den man auch Braunen Jura nennt, am schönsten aber ist die jüngste Schicht, der Malm. Die hellen Steine des Weißen Jura prägen die Albhochfläche, während im Vorland der Alb die dunkleren Schichten vorherrschen.

Die Alb, wie sie in Schwaben kurz und knapp genannt wird, zieht sich über eine Breite von bis zu vierzig Kilometern knapp 200 Kilometer von der Schweiz im Südwesten bis zum Nördlinger Ries im Nordosten. Eigentlich eine Hochfläche, ist sie durch Wind und Wetter und durch die zahlreichen Bäche mächtig bearbeitet worden, ebenso durch vulkanische Aktivitäten, weshalb es ständig auf und ab geht und man mit dem Rad ins Schwitzen kommen kann. Auch zahlreiche Wanderer zieht es auf die Alb, wo man noch viele idyllische Wege finden kann, fernab jedes Massentourismus. Lebhafter geht es, insbesondere an schönen Sommerwochenenden, am nordwestlichen Rand der Alb zu. Hier nämlich fällt sie steil ab, wodurch sich am Albtrauf fantastische Fernblicke auftun. Nur einem Fluss ist es gelungen, die Alb zu durchschneiden: der Donau.

Mühsam muss das Leben der Bauern auf der Alb gewesen sein. Im Gegensatz zu ihren Kollegen im Donautal oder südlich da-

Jule muss man einfach gernhaben

von auf den fetten Böden Oberschwabens mussten sie um jede Ähre kämpfen. Nicht ohne Grund sagte der schwäbische Volksmund: »Bua, heirat nit auf die Alb hinuff.« Schöne Mädchen aber gibt es auch hier. Für eine ist gar ein eigener Maibaum gepflanzt. Gibt's der Boden nicht her, muss man zu Tricks greifen.

Am Rand des nächsten Ortes Hayingen Fabrikanlagen, eine Messerschmiede der WMF. Wohin man auch kommt, überall fleißige Leute, kleine Unternehmen, Familienbetriebe. Hier blüht der Mittelstand, das Rückgrat der deutschen Wirtschaft. Auf dem baumbestandenen Marktplatz ein Brunnen, zwei Ziegen aus Beton, die sich einen Kopf teilen. Die Dorfkirche ist geöffnet, keine kunstgeschichtliche Sensation, doch geschmackvoll. Wir verweilen ein paar Minuten in Stille, dann geht's weiter.

Das Tal der Lauter haben wir verlassen, hinter ein paar Höhenzügen liegt das nächste Flüsschen, das uns wieder zur Donau bringen wird, der Glasbach. Auf einem Hügel machen wir kurz halt und blicken über einen bunten Flickenteppich. Kaum zu glauben, aber auch hier muss die Donau einmal entlanggeflossen sein.

### Die Ur-Donau

Auch Flüsse haben ihre Geschichte. Besonders spannend und überaus abwechslungsreich ist die Geschichte der Donau. Für ihre höchst wechselhafte Biografie gibt es einen Hauptverursacher: Afrika. Weil die afrikanische Scholle unablässig nach Norden drückt, sind nicht nur die Alpen entstanden, auch die nördlich der Alpen gelegenen Landschaften heben sich, und wenn sich der Boden hebt, kann ein Fluss schnell ein Problem bekommen; er muss seinem vertrauten Bett Lebewohl sagen und sich ein neues suchen. So kam es, dass die Ur-Donau mal nach Westen, mal nach Osten floss und sich nach immer neuen Quellen umsehen musste. Sogar die Rhone und der Alpenrhein waren vor vielen Millionen Jahren einmal Quellflüsse der Donau, für eine Zeit auch die Wutach

aus dem südlichen Schwarzwald, bevor sie beschloss, scharf abzuknicken und künftig den Rhein zu wässern.
Weit ist die Donau herumgekommen, selbst hoch auf der Schwäbischen Alb hat man Donaukiesel gefunden – Beweise dafür, dass sich die Donau einst nördlich herumgetrieben hat, bis sich die Alb hob. Neben dem steten Schieben Afrikas war das Ries-Ereignis von wuchtiger Bedeutung, der größte Knall im Schwabenland. Ein Meteorit schlug beim heutigen Nördlingen ein unglaubliches Loch in den Boden, noch in weiter Entfernung wurde die Erde erschüttert und warf sich auf. Das verwirrte auch die süddeutschen Wassersysteme und zwang sie zum Umdenken, so den Main, der lange die Donau gespeist hatte.
Die Eiszeiten machten dem ruhigen Flussleben ebenfalls Probleme. Die Gletscher schoben sich aus den Alpen weit nach Norden und stauten dabei die Donau, sodass sie gezwungen war, einen nördlichen Bogen zu schlagen. Man sieht, selbst ein Fluss hat es nicht immer leicht. Wie hart es aber auch kommen mag, immer findet er einen neuen Weg. Sollten wir Menschen uns daran nicht ein Beispiel nehmen?

Was wohl das nächste Ereignis sein wird, das die Donau zu neuen Wegen zwingt? Hoffen wir, dass es kein Meteorit sein wird, denn dann ist eine Zeit lang Essig mit dem gemütlichen Donauradeln. Wir blicken noch einmal über die Hügel der Schwäbischen Alb. Am Wegrand ein Wanderzeichen, ein weißes Kreuz auf bordeauxrotem Grund. Das Kreuz ist schlank und etwas nach vorne gerichtet, fast wirkt es wie ein Wanderstab. Wie die gelbe Muschel die Jakobswege kennzeichnet, die überall das Land durchziehen, so zeigt das Wanderkreuz dem Martinspilger den Weg an. Ein Kreuz als Pilgerstab, über diese Allegorie ließe sich lange nachdenken.

Doch wir brauchen nun alle Konzentration, um von der steilen Abfahrt nicht in den Acker geworfen zu werden. In rasendem Tempo geht's dahin, bald haben wir den Glasbach erreicht. Zierlicher noch ist er als die Lauter, dafür aber viel lauterer, will

Glasbach heißt er – wie könnte es anders sein?

Fröhliche Einkehr im Bio-Gasthof Friedrichshöhle

sagen, reiner, sauberer, ja glasklar. Hell klingt sein Plätschern, lockend murmelt er uns zu. Wir können nicht widerstehen. An einer kleinen Holzbrücke ziehen wir Schuhe und Strümpfe aus und nehmen ein Fußbad. Sehr erfrischend.

Wenig später gelangen wir zu einer Mühle, bei der buntes Leben herrscht; lustig zu geht's im Garten *des Bio-Gasthofs Friedrichshöhle*. Zahlreiche Besucher sieht man in kleine Ruderboote steigen. Mit ihnen kann, wer will, die Wimsener Höhle besichtigen, die einzige Höhle Deutschlands, in die man mit einem Boot einfährt, wirbt ein Hinweisschild – Capris berühmte blaue Grotte auf Schwäbisch, sozusagen.

## Die Wimsener Höhle

Stattliche 723 Meter geht es in den Berg hinein. Aber nur knapp 100 Meter kann man mit dem Boot zurücklegen, wer weiter will, muss in einen Taucheranzug schlüpfen, wie einst der berühmteste aller Donauhöhlentaucher, der Schwabe Jochen Hasenmayer. Zu früheren Zeiten dürfte der Wasserschaden deutlich kleiner gewesen sein, versunkenene Tropfsteine sind der Beweis, denn tropfen kann es nur im Trockenen. Auch fand man im Jahr 1995 Tonscherben und Menschenknochen in der Tiefe der Höhle. Hoffentlich sind die Ärmsten nicht durch einen Wassereinbruch überrascht worden, wie vor einiger Zeit das Jugendfußballteam in Thailand.

Im Gegensatz zum Drama in Thailand stammt das Wasser in der Wimsener Höhle nicht aus Regeneinbrüchen, sondern aus einer Karstquelle, deshalb auch die geheimnisvolle blaue Färbung. Eine Quelle entspringt im Berg, die Zwiefalter Aach, deren Schüttung

Ein magischer Moment: Fahrt durch die Wimsener Höhle

sich von 600 Litern pro Sekunde auf über 6000 Liter steigern kann. Besonders erfreut über die Höhle war Philipp Christian von Normann-Ehrenfels. Zusammen mit Schloss Ehrenfels erhielt er auch den Ort Wimsen samt Höhle, als er 1803 von Kurfürst Friedrich I. zum Minister ernannt wurde. Seine Dankbarkeit drückte er in einem lateinischen Vers aus, den er über dem Höhleneingang anbringen ließ. Hier die deutsche Übersetzung:

*Dankbar begrüßt den hohen Besuch die hier wallende Nymphe.*
*Fröhlich fließet dir nun, Friedrich, die rauschende Aach.*

Könnte fast von Hölderlin sein. Wir Radfahrer mit unseren Gepäcktaschen müssen uns darauf beschränken, die Boote im Fels verschwinden zu sehen. Die Höhle für Radfahrer muss noch erfunden werden. Wir blicken uns um. Wie weiter? Das allgemeine Radwegzeichen, auf das man sich in Deutschland geeinigt hat, das grüne Rad auf weißem Grund, weist uns die Straße hinauf in die Hitze.

Nach einigen Metern kehren wir wieder um. Wir wollen doch am Glasbach entlang. Diesen aber begleitet nur ein Fußgängerweg. Radfahrer absteigen, befiehlt uns ein Schild. Wir rollen vorsichtig näher. Da keine Fußgänger zu erkennen sind, werden wir zu Anarchisten. Wir bleiben im Sattel und balancieren auf einem schmalen Weg das idyllische Tal entlang. Eigentlich müsste man von einem Tälchen sprechen, gäbe es dieses Wort, alles ist *en miniature* und gerade dadurch von zauberhaftem Reiz.

An manchen Stellen erweitert sich der Glasbach zu kleinen Seen, die in magischem Türkis schimmern, ähnlich dem Blautopf. Das kalkgesättigte Wasser lässt immer wieder Tuff ausfallen und terrassiert damit seinen eigenen Weg. Unter einer Brücke schwimmt eine große Forelle. Mit gelassenem Körperschwung hält sie die Stellung im Bach und wartet darauf, dass ihr die Strömung eine Fliegenlarve oder einen anderen Leckerbissen ins geöffnete Maul treibt. Über Holzbohlenbrücken und durch

Das Zwiefalter Münster Unserer Lieben Frau

Auenwälder geht es weiter, dann tauchen Häuser auf, wir erreichen Zwiefalten.

## Zwiefalten

Die Brüder Kuno und Liutold von Achalm waren kinderlos geblieben, worauf sie auf den Gedanken verfielen, der Nachwelt ein Kloster zu schenken. Im Jahr 1089 stifteten die Grafen das Benediktiner-Priorat Zwiefalten, wenige Jahre später wurde das Priorat zum Kloster erhoben.

Zwiefalten entwickelte sich zu einer bedeutenden Abtei. Die von den Mönchen kunstreich gestalteten Bücher sind bibliophile Kostbarkeiten von höchstem Rang. Auch die Goldschmiedearbeiten der Abtei waren einst vielgefragt. Noch heute zeugt die mächtige Klosterkirche von der einstigen Größe Zwiefaltens; der Wandpfeilerbau mit den vorschwin-

Rokoko-Pracht

genden Emporen wurde nach dem Dreißigjährigen Krieg von dem Münchner Architekten Johann Michael Fischer neu gestaltet. In reinstem Rokoko erstrahlt der Kirchenraum, zumal an diesem sonnigen Maientag: schwebende Englein überall, posierend, musizierend, jubilierend, Illusionsmalerei an den Deckenovalen, die sich zum blauen Himmel zu öffnen scheinen.

Alles ist so vorzüglich renoviert, dass man meint, die Kirche sei eben erst eingeweiht worden. Dabei wurde das Kloster schon lange profaniert. Heute nutzt man die große Anlage als psychiatrische Klinik, das größte Landeskrankenhaus von Württemberg. Ein angeschlossenes Psychiatriemuseum lädt zum Besuch ein, es lässt die dunklen Epochen des Hauses nicht aus.

## Die grauen Busse von Zwiefalten

2. April 1940. Der erste graue Bus fährt bei der Staatlichen Heilanstalt Zwiefalten vor. Die Patienten freuen sich. Man hat ihnen einen Ausflug versprochen, willkommene Ablenkung vom tristen Krankenhausalltag. Die Heilanstalt ist völlig überfüllt. Überall haben die Nazis private und kirchliche Heime schließen lassen und ihre Bewohner umquartiert. Selbst aus Südtirol hat man Patienten, die das Regime als »geistig und körperlich minderwertig« eingestuft hat, nach Zwiefalten gebracht, Kinder, Erwachsene und Alte.

Als alle Platz genommen haben, wirft der Fahrer den Motor an. Los geht die Fahrt, Richtung Norden, über die ergrünende Schwäbische Alb, auf der die ersten Frühlingsblumen blühen. Nach einer halben Stunde ist das Ziel erreicht, Schloss Grafeneck bei Münsingen. Aber weder die barocke Schlossanlage wird besichtigt noch das idyllische Münsingen.

Ein Arzt empfängt sie. Die Teilnehmer der Busreise werden zu einem niedrigen Schuppen geführt. Hinter den Patienten schließen sich die Türen, Gas strömt ein, geruchloses Gas, Kohlenmonoxid. Einer nach dem anderen verliert das Bewusstsein, das Kohlenmonoxid verdrängt den Sauerstoff aus den roten Blutkörperchen, die

Schöne Uferwege zum Genussradeln

Patienten ersticken jämmerlich. Die leblosen Körper werden weggeschafft und verbrannt, Urkunden mit falschen Todesangaben werden ausgestellt und an die Angehörigen verschickt. Bald fährt der nächste graue Bus in Zwiefalten vor.

Über zehntausend Menschen sind in Grafeneck vergast worden. Die heftigen Proteste, die vor allem mit dem Namen Kardinal van Galen verbunden sind, haben die sogenannte Aktion T4 als einziges größeres Verbrechen der Nazis stoppen können. Manche der verantwortlichen Ärzte und Pfleger sind nach dem Krieg verurteilt worden, viele nur zu wenigen Monaten. Heute versucht man, der Opfer in würdiger Weise zu gedenken und ihnen ein Gesicht zu geben.

Wir schieben unsere Räder durch den Park. Die Gartenanlage ist weitläufig und gepflegt, auf einem Hang liegt eine junge Dame in der Sonne, vielleicht eine Krankenschwester, die ihre Mittagspause genießt. Unten am Hauptweg versucht ein Vater mit Engelsgeduld, seinen kleinen Sohn zum Weitergehen zu motivieren, der Kleine aber hat seinen eigenen Kopf und will unbedingt abseits der Wege eine Entdeckungstour machen. Die Mutter hält sich raus und beschäftigt sich lieber mit ihrem Smartphone, verständlich, Smartphones haben gegenüber kleinen Kindern einen unschätzbaren Vorteil: Sie folgen jeder unserer Anweisungen, und zwar pronto. Sollen wir in der Klosterbrauerei einkehren, die mit einem Biergarten lockt? Wir entscheiden uns schweren Herzens für die Weiterfahrt, ein paar Kilometer wollen wir vor dem Mittagessen noch schaffen.

Die Luft wird schwüler. Wolken ziehen auf und verdichten sich. Ist erneut ein Gewitter im Anmarsch? Hinter Bechingen erreichen wir wieder die Donau und bleiben einen Moment am Ufer stehen. Zwar sieht die Donau an dieser Stelle völlig unspektakulär aus, dennoch ist der Punkt hier von Bedeutung. Ziemlich genau an dieser Stelle hat die Donau bereits die Hälfte ihres gesamten Weges geschafft, nicht in horizontaler Richtung natürlich, aber doch in vertikaler.

Was wir sagen wollen: Nimmt man die Bregquelle als Donauursprung, so entspringt sie auf einer Höhe von 1078 Metern über dem Meeresspiegel. Die Hälfte von 1078 aber sind 539 Meter, und auf dieser Höhe fließt die Donau gerade dahin. Nach nur 212 Kilometern, nicht mal einem Zehntel ihrer Gesamtlänge von 2811 Kilometern. Kein Wunder, dass die junge Donau so stürmisch ist! Bei dem Gefälle! Donauabwärts bleibt für jeden Flusskilometer in etwa noch ein Gefälle in Höhe von High Heels. Für uns Radler aber, die wir die Donau aufwärts unterwegs sind, heißt es: Munter in die Pedale getreten!

## Riedlingen

Wenige Kilometer später rollen wir ins schöne Riedlingen ein. Vom Flussufer staffeln sich die Fachwerkhäuser den Hang hin-

A Saufraid! Bauer auf dem alten Schweinemarkt von Riedlingen

auf. Riedlingen hat einige architektonische Schmuckstücke aufzuweisen. Das Erdgeschoss des Kirchturms von St. Georg, der katholischen Pfarrkirche, betrachten wir mit Ehrfurcht, stammt es doch aus dem 13. Jahrhundert. Riedlingen aber ist noch bedeutend älter! Bereits im Jahr 835 wird es erwähnt. Zum Vergleich: München taucht erst über dreihundert Jahre später aus dem Dunkel der Geschichte auf.

Im Inneren der Kirche sind noch zwei Fresken aus gotischen Zeiten zu bestaunen. Hübsch ist auch das bewohnbare Torhaus mit seinen weiß-rot gestreiften Fensterläden, das stolze Rathaus mit seiner Schönen Stiege und die Alte Kaserne, in deren ornamentale Fachwerkzier man sich verlieben kann. Wer noch eine Klosterzelle im mittelalterlichen Originalzustand betrachten will, der besuche das ehemalige Kapuzinerkloster.

Uns aber ist mehr nach leiblichen Genüssen. Der Magen knurrt, Zeit für eine Einkehr. Die Sonne sticht. Wir flüchten unter die Markise eines Cafés in der Hauptstraße und lassen uns Lasagne und Kuchen schmecken.

## Die NSU Motorenwerke

Riedlingen ist ein gutes Beispiel für die Innovationskraft der Donautalbewohner. 1873 taten sich in Riedlingen zwei findige Unternehmer zusammen, Christian Schmidt und Heinrich Stoll, und übernahmen eine Werkstatt zur Herstellung von Strickmaschinen. Aus diesem Unternehmen gingen die berühmten NSU-Werke hervor, Hersteller von Fahrrädern, Autos und vor allem schnellen Motorrädern, von denen etliche Weltrekorde aufstellen sollten. Kein anderer Produzent hat vor dem Ersten Weltkrieg so viele Knatterkisten in die Welt geschickt. Das Kürzel NSU steht nicht, wie manche irrtümlich glauben, für »Näh- und Strickmaschinen-Union«, sondern für den Stadtnamen Neckarsulm, wohin Christian Schmidt nach der Trennung von seinem Partner das Unternehmen verlegte und die Produktpalette erweiterte. 1969 gingen die NSU Motorenwerke dann im Unternehmen Audi auf, die vier Ringe des

bekannten Logos, die für vier Vorläuferfirmen stehen, hätte man unbedingt um einen fünften und besonders glänzenden erweitern müssen.
Auch die Firma von Christian Schmidts altem Kompagnon Heinrich Stoll, der mit einer Strickmaschinenfabrik in Reutlingen neu begann, floriert bis heute. Nach wie vor beschäftigen die Stoll-Werke tausend Arbeiter weltweit. Revolutionär war seine Erfindung der Links-Links-Flachstrickmaschine.

Auf einem alten NSU-Rad unterwegs zu sein, das wäre was! Bei der Fahrt zum Städtele hinaus versuchen wir uns vorzustellen, was zum Teufel eine Links-Links-Flachstrickmaschine gewesen sein könnte und ob das Gegenstück, die Rechts-Rechts-Steilstrickmaschine, ebenfalls existiert, werden aber bei unseren Grübeleien von der wohl grünsten Kirche des Donautals abgelenkt. Die komplette Westfassade ist mit wildem Wein über-

Christuskirche Riedlingen – ein echter Ökobau

wuchert, ja selbst der Turm verschwindet im Blätterwald. In ein paar Jahren wird das Gotteshaus kaum mehr zu erkennen sein. Faszinierend. Grün empfängt uns auch der Auenwald an der Donau bei unserer Weiterfahrt.

In Riedlingen lebte einst ein Kaufmann, der traute sich nur des Nachts, bestimmte Radtouren zu unternehmen. Ludwig Walz führte seit 1924 in Riedlingen ein Bekleidungshaus. Als 1933 die Nazis an die Macht kamen und damit begannen, die jüdischen Mitbürger zu schikanieren, schwang sich der überzeugte Christ jede Woche aufs Rad und fuhr in das dreißig Kilometer entfernte Buttenhausen, um die dortigen Juden mit dem Nötigsten zu versorgen. Acht Jahre lang, von 1934 bis 1942, machte er die Tour, bei Wind und Wetter. Und auch als man seine Schützlinge nach Riga und Theresienstadt deportierte, versuchte der spätere Bürgermeister von Riedlingen noch, sie zu unterstützen. Einer der jüdischen Überlebenden erinnerte sich noch lange an ihn, 1974 wurde der gebürtige Ulmer von der Jerusalemer Gedenkstätte Yad Vashem als Gerechter unter den Völkern ausgezeichnet. Ludwig Walz, ein beeindruckender Mann.

Wir schauen nach Riedlingen zurück. Am Himmel zieht es sich schwarz zusammen, tatsächlich, wieder kommt ein Gewitter, schon sausen die ersten Blitze aus dem blauschwarzen Wolkengebräu. Mit besorgtem Blick versuchen wir zu erraten, wohin das Unwetter treibt. Ob es vorbeizieht? Wir könnten Glück haben, also los!

Rechter Hand liegt der Stadtteil Pflummern. Dort war 1829 ein mit seinem Beruf tiefunglücklicher junger Pfarrer tätig. Was hätte er darum gegeben, als freier Schriftsteller leben zu können! Wer aber zahlte schon für Gedichte? Tatsächlich ist das Gedicht, das in seiner Pflummerner Zeit entstand, unbezahlbar – vielleicht das schönste Gedicht, das je im Donautal entstanden ist.

Eduard Mörike: »Er ist's«

*Frühling läßt sein blaues Band*
*Wieder flattern durch die Lüfte;*
*Süße, wohlbekannte Düfte*
*Streifen ahnungsvoll das Land.*
*Veilchen träumen schon,*
*Wollen balde kommen.*
*– Horch, von fern ein leiser Harfenton!*
*Frühling, ja du bist's!*
*Dich hab ich vernommen!*

Ein weniger bekanntes Gedicht von Mörike handelt von der Donau, die der Dichter mit Frau Done anspricht. Zauberhafte Dinge vermag Frau Done zu vollbringen, schönste »Angebind«, also Geschenke teilt sie aus. Zugleich aber warnt uns Mörike: Gelegentlich kann die Donau zicken! Das musste ein junges Paar mit dem Leben büßen.

»Zwei Liebchen«

*Ein Schifflein auf der Donau schwamm,*
*Drin saßen Braut und Bräutigam,*

*Er hüben und sie drüben.*

*Sie sprach: »Herzliebster, sage mir,*
*Zum Angebind was geb ich dir?«*

*Sie streift zurück ihr Ärmelein,*
*Sie greift ins Wasser frisch hinein.*

*Der Knabe, der tät gleich also,*
*Und scherzt mit ihr und lacht so froh.*

*»Ach, schöne Frau Done, geb sie mir*
*Für meinen Schatz eine hübsche Zier!«*

*Sie zog heraus ein schönes Schwert,*
*Der Knab hätt lang so eins begehrt.*

*Der Knab, was hält er in der Hand?*
*Milchweiß ein köstlich Perlenband.*

*Er legt's ihr um ihr schwarzes Haar,*
*Sie sah wie eine Fürstin gar.*

*»Ach, schöne Frau Done, geb' sie mir,*
*Für meinen Schatz eine hübsche Zier!«*

*Sie langt hinein zum andernmal,*
*Faßt einen Helm von lichtem Stahl.*

*Der Knab vor Freud' entsetzt sich schier,*
*Fischt ihr einen goldnen Kamm dafür.*

*Zum dritten sie ins Wasser griff:*
*Ach weh! da fällt sie aus dem Schiff.*

*Er springt ihr nach, er faßt sie keck,*
*Frau Done reißt sie beide weg:*

*Frau Done hat ihr Schmuck gereut,*
*Das büßt der Jüngling und die Maid.*

*Das Schifflein leer hinunterwallt;*
*Die Sonne sinkt hinter die Berge bald.*

*Und als der Mond am Himmel stand,*
*Die Liebchen schwimmen tot ans Land,*

*Er hüben und sie drüben.*

Ein schaurig-schönes Gedicht! Unverkennbar hören wir die Moral heraus: Man soll im Leben nichts übertreiben, auch das Wünschen nicht, wie leicht kann es zur Gier werden. Tiefenpsychologisch betrachtet steht die Donau für den Lebenslauf, das Boot mit den jungen Leuten für die Partnerschaft. Eine Partnerschaft aber kann nur gelingen, wenn man das Wesentliche im Blick behält. Warum hat das junge Paar nur Augen für materielle Güter? Wer liebt, der will doch nur eines, der will sein Herz verschenken. Das scheinen die beiden vergessen zu haben, weshalb ihre Liebe baden ging. Plumps!

Statt leisen Harfentönen wie in Mörikes Frühlingsgedicht aber hören wir nur dumpfes Gewittergrollen. Weiter geht's! Der Radweg leitet uns ans südliche Ufer. Dort liegt die Ortschaft Neufra, die für ihren hängenden Garten bekannt ist. Den müssen wir uns anschauen, Gewitter hin, Gewitter her. Über einem Steilhang, der aus 14 Gewölben besteht, hat ein Graf von Helfenstein im 16. Jahrhundert den Hängegarten an den Stützmauern seines Schlosses anlegen lassen.

Familie Johannsen ist es zu verdanken, dass das botanische Wunder vor vierzig Jahren neu entstanden ist; immer noch kümmert man sich darum, den Garten der Öffentlichkeit zu präsentieren. Sehr lobenswert. Was wäre Deutschland ohne all die engagierten Ehrenamtlichen? Leider nur hat der Buchsbaumzünsler kein Herz für das Ehrenamt. Warum sonst hätten sich die gefräßigen Schmetterlingslarven auch in Neufra ausgebreitet? Wir drücken den Gärtnern die Daumen, dass sie den Kampf gewinnen, vielleicht mit Hilfe des Thüringen-Bazillus oder mit feinen Netzen, die den Schmetterlingen den Weg versperren.

Wer will, kann hier auch übernachten, in Deutschlands kleinstem Schlosshotel. Von seinem Renaissancegarten öffnet sich der Blick über das Donautal. Wir aber haben nur Augen für die schwarze Gewitterfront, die ihre Richtung offenbar geändert hat und nun auf Neufra zuzurollen scheint. Nichts wie weg!

So kommt es zu einem Wettlauf. Kräftig treten wir in die Pedale, die Muhme Rumpelpumpel aber will sich nicht abschütteln lassen und jagt uns durch die Gerstenfelder. In Binzwangen

Der hängende Garten von Neufra

geben wir uns geschlagen, an einem Fußballplatz machen wir halt. Soll sich das Gewitter nur austoben, zur Not schlüpfen wir eben in der Sportgaststätte unter. Wir legen uns ins grüne Gras und beobachten den Wolkenzug.

Auf diesem Fußballplatz wird mit ziemlicher Sicherheit auch ein Junge gekickt haben, dessen Name jeder Fußballfan kennt, wurde doch ein echter Star aus ihm. Wer ist der gesuchte Fußballspieler? Machen wir ein kleines Rätsel daraus, das am Schluss dieses Kapitels aufgelöst werden soll. Mehrmals durfte er die Meisterschale jubelnd in die Höhe halten und auch im Trikot der Nationalmannschaft lief er auf. Sein Vater war als Jugendlicher mit seiner andalusischen Familie nach Schwaben gezogen. Der gebürtige Riedlinger spielte in der D-Jugend des SV Undingen, einem Donaudorf ganz in der Nähe. Deutscher Meister wurde er mit Stuttgart und Bayern München, außerdem wurde er mit Besiktas Istanbul türkischer Meister.

Lyrik an der Fußballbande

So, diese Informationen sollten ausreichen, wir müssen weiter. Aus irgendeinem Grund scheint Rumpelpumpel den Spaß an der Jagd verloren zu haben und zieht schräg an uns vorbei. Wir schießen zum Abschied noch auf eine Torwand, leider ohne Erfolg, was, so beschließen wir, an den viel zu kleinen Löchern gelegen haben muss. Der gesuchte Spieler hätte über unsere Schussversuche vermutlich gelächelt, er hat sogar die Bundesliga-Torjägerkanone überreicht bekommen.

Wir schwingen uns wieder auf die Räder, schließlich wollen wir es heute noch nach Sigmaringen schaffen, wo uns Flo ein Zimmer organisiert hat. Wir amüsieren uns über die Bandenwerbung »Der Ball muss ins Tor, das Auto zu uns. KFZ-Rothmund«. Der Gedanke zu einem neuen Buchprojekt entsteht. Man sollte einmal quer durch die deutsche Provinz reisen und die Lyrik der Fußballplätze dokumentieren. Arbeitstitel: »Schande an der Bande«.

Kurz hinter Binzwangen, auf einem Bergsporn, der steil zum Donautal abfällt, eine rekonstruierte Höhensiedlung, die Heuneburg.

## Zeitreise I: die Kelten

Sie ist alt, uralt. Bereits aus der Zeit 1500 vor Christus gibt es Siedlungsspuren. Am äußersten Rand, dicht am Steilhang, errichteten Menschen der Bronzezeit ihre Kernburg und sicherten sie zum Hinterland mit doppelten Holzmauern ab, die sie mit Erde und Steinen verfüllten. Im 12. vorchristlichen Jahrhundert muss etwas Außergewöhnliches passiert sein: Aus irgendeinem Grund verließen die Bewohner die Heuneburg wieder. Da nichts auf eine Zerstörung hinweist, muss ein anderes Ereignis für den Auszug verantwortlich gewesen sein.

Einen kulturellen Höhepunkt erlebte die Heuneburg ab 600 vor Christus, als ein keltischer Herrscher den Ort für sich entdeckte, darauf deuten aufwendige Grabhügel hin, wie man sie für Angehörige fürstlicher Familien errichtete. Die Kelten liebten strategisch günstige Höhenlagen. Die Kernburg wurde durch eine Vorburg und ausgedehnte Außensiedlungen erweitert. Erst durch neue, lasergestützte Luftaufnahmen ist man in der Lage, deren tatsächliche Ausmaße zu berechnen.

In den 1950er-Jahren wurde auf der Heuneburg eine der bedeutendsten archäologischen Grabungsarbeiten der deutschen Geschichte durchgeführt – sensationell die Steinfundamente eines monumentalen Stadttores, für das behauene Kalksteinquader verwendet wurden. Ansonsten bauten die Donau-Kelten gerne mit luftgetrockneten Lehmziegeln. Um diese vor Regen zu schützen, wurden sie regelmäßig gekalkt, sodass die Siedlung wie eines der weißen Dörfer Andalusiens gestrahlt haben muss. An klaren Tagen geht der Blick bis zu den Alpen.

Sehr anschaulich sind die Rekonstruktionen gelungen, die das Freilichtmuseum bilden. Puristen mögen den Kopf darüber schütteln und von Geschichtskitsch sprechen, uns aber gefällt die Idee, untergegangene Stadtkulturen behutsam wiedererstehen zu lassen. Beim Schlendern durch eine keltische Siedlung entwickelt man doch ein viel tieferes Verständnis für deren Lebensweise. Fünf- bis zehntausend Menschen haben in und um die Heuneburg einst gelebt, für keltische Verhältnisse eine Weltmetropole. Handwerkerviertel fanden sich, aber auch Gegenstände, die zeigen, wie vernetzt das damalige vorchristliche Europa bereits war: Importe aus Griechenland, Südfrankreich, Slowenien und auch aus dem Ostseeraum sprechen für eine rege Handelstätigkeit.

Bei wie vielen der Heuneburger Kelten die Namensendung -ix auf dem Klingelschild gestanden hat wie bei dem kleinen gallischen Stamm in Frankreich, ist leider nicht mehr nachweisbar. Die Kelten haben nämlich nur wenig Schriftliches hinterlassen, sie liebten die mündliche Überlieferung. Es gibt keinen Grund, darüber den Kopf zu schütteln. Auch Jesus von Nazareth hat,

Die Heuneburg: bedeutende keltische Höhensiedlung

obwohl des Schreibens kundig, keine seiner Lehren schriftlich fixiert, und er wird gute Gründe dafür gehabt haben.

Häufig wird behauptet, die Heuneburg sei ein Fürstensitz gewesen, was jedoch von manchem Wissenschaftler bezweifelt wird. Man weiß einfach zu wenig über die donauschwäbischen Kelten und wie sie sich organisiert haben. Die Funde aber deuten darauf hin, dass es eine feste Arbeitsteilung gab und eine soziale Gliederung, an deren Spitze eine Fürstenfamilie stand. Wie sonst wären die Schätze in manchen Gräbern zu erklären, die man in der Nähe gefunden hat?

Wer als Radfahrer den belasteten Körperpartien eine kleine Erholung gönnen und zugleich mehr über das Leben der Kelten an der Donau erfahren will, dem sei der Rundwanderweg empfohlen. Zwei Stunden sollte man für den archäologischen Lehrpfad allerdings mindestens einplanen, eher noch ein Stündchen mehr, denn es gibt viel zu entdecken und zu lesen. Am sinnvollsten beginnt man in Hundersingen, wo man bereits im Heuneburgmuseum viel über die Kelten und die Ausgrabungen auf der Heuneburg erfahren kann. Vom Museum führt der Rundweg zum Lehenbühl, einem Großgrabhügel, hinauf zur Randhöhe über der Donau, wo man die Reste der Buwenburg bewundern kann, am Talhof vorbei zur Heuneburg, dann in nordlicher Richtung zu vier benachbarten Großgrabhügeln und am Soppenweiher vorbei zum Hohmichele, einem Großgrabhügel mit Europameisterambitionen. Eine keltische Viereckschanze schließt den Rundgang ab.

»Die Köpfe gefallener Feinde hauen sie ab und binden sie ihren Pferden auf den Hals, die blutige Rüstung geben sie ihren Dienern und lassen sie unter Jubelgeschrei und Siegesliedern zur Schau tragen. Zu Hause nageln sie dann diese Ehrenzeichen an die Wand, gerade als hätten sie auf der Jagd ein Wild erlegt.«

So schildert uns der griechische Geschichtsschreiber Diodorus Siculus die Kelten. Nur gut, dass die Griechen und Römer so viel zartfühlender mit ihren Feinden verfahren sind. Klar, die anderen sind immer die Barbaren. Immerhin musste selbst Julius Caesar anerkennen, dass die Kelten zu hohen Kulturleistungen fähig waren. Besonders ausführlich beschrieb er die Druiden, die mehr waren als Mixer von Zaubertränken. Druiden waren die Gelehrten ihres Volkes und übten oft das Richteramt aus. Auch scheinen besonders die keltischen Frauen – mehr als manche Römerin – Einfluss auf die Gesellschaft genommen zu haben. Wer hat noch gesagt, die Höhe einer Kultur bestimme sich durch die Stellung der Frau?

Doch auch Hochkulturen können untergehen – oder in anderen Kulturen aufgehen. Dieses Schicksal mussten die Kelten durch die vordringenden Römer erleiden. In ganz Mitteleuropa beheimatet, konnten sie sich nur in den westlichen Randlagen behaupten, in Irland, Schottland und auch der Bretagne. Im Rückschluss kann gefolgert werden, dass dic Kelten ein fröhliches, musikalisches und durstiges Volk gewesen sein müssen.

An einer Biegung werden wir wieder direkt ans Ufer der Donau geleitet. Wir bleiben einen Moment stehen und betrachten die Wellen. Ein Lied geht uns durch den Sinn, ein Walzer, die heimliche Nationalhymne Österreichs: »An der schönen blauen Donau …« Gar so blau kommt uns die Donau gar nicht vor. Eher grün. Oder NATO-oliv mit einem Stich ins Gelbe? Wir kommen ins Grübeln. Welche Farbe hat die Donau eigentlich?

## Welche Farbe hat die Donau?

Es gab eine Zeit, da wollte man es ganz genau wissen. Jeden Morgen nach dem Frühstück schritt Herr Gerichtsrat Anton Bruszkay in Mautern in der Wachau ein ganzes Jahr lang zwischen 7 und 8 Uhr in der Früh hinunter zum Donauufer, kniff die Augen zusammen, betrachtete das vorbeifließende Wasser und machte schließlich ein Kreuz in seiner Farbentabelle. Das Ergebnis seiner monatelangen Farbanalysen schickte er an das Hydrographische Central-Bureau nach Wien: »An 11 Tagen braun, an 46 Tagen lehmgelb, an 59 Tagen schmutziggrün, an 45 hellgrün, an 5 Tagen grasgrün, an 69 Tagen stahlgrün, an 46 Tagen smaragdgrün und an 64 Tagen dunkelgrün.«

Alles klar? Oder besser: Alles trüb? An keinem einzigen Tag soll die blaue Donau blau gewesen sein? Ist das möglich? Von allen genannten Farben gefällt uns Smaragdgrün natürlich am besten. Fest steht: Der Winter des Jahres 1903, dem Jahr, in dem der gewissenhafte Herr Gerichtsrat seine täglichen Farbeinschätzungen gemacht hat, kann nicht besonders streng gewesen sein. Sonst wäre häufiger die Farbe Weiß aufgetaucht. Es gab nämlich durchaus Winter, in denen man über die Donau laufen konnte.

Zumindest war die Donau an keinem Tag schwarz. Man hat sie ja auch, wegen ihrer Geburt im Schwarzwald und ihrer Mündung im Schwarzen Meer, bereits Schwarzer Fluss genannt.

Beim Weiterradeln stellen wir uns vor, wie die Kelten die Donau und das Donautal wohl erlebt haben. Weitgehend unberührt von menschlichen Eingriffen wird sich der Fluss in viele Arme aufgeteilt haben, hierdurch war seine Fließgeschwindigkeit geringer, ideale Lebensbedingungen für viele Tierarten zu Wasser und zu Lande. Reptilien, Frösche, Wasservögel, Libellen, der Auerochs und der Auerhahn, vielleicht sogar eine Herde mächtiger Wasserbüffel werden ihre Freude daran gehabt haben. Dichte Auenwälder bestanden das sumpfige Gelände, Felderwirtschaft war bei dem feuchten Boden kaum möglich, stattdessen wird man die saftigen Wiesen für die Weide genutzt haben. Eine große Leistung der Kelten muss darin bestanden haben, den Weg zum anderen Ufer zu überbrücken, nur so hatten sie in ihrem Oppidum Handel treiben können.

In der Höhe zu siedeln war absolut überlebensnotwendig. Nicht nur wegen der zweibeinigen Feinde, sondern auch wegen der Feinde aus dem Tierreich, die sich in den Donauniederungen wohlfühlten. Mücken konnten die Malaria übertragen und die Zecken übertrugen nicht nur den FSME-Erreger und die Borrelien, sie infizierten die Kelten auch mit dem Krim-Kongo-Fieber-Virus. Dieser gefährliche Keim konnte im angetrockneten Blut nachgewiesen werden, das sich nebst Organresten in einem Keramikgefäß befand – der Grabbeigabe eines hochgestellten Kelten, gefunden bei der Heuneburg. Der arme Mensch wird schreckliches Fieber bekommen haben, sein Gesicht schwoll an, vom Schüttelfrost gepackt litt er unter heftigen Schmerzen, bis es blutig aus ihm hinauslief und ihn der Tod ereilte. Man schimpft heute viel über die Eingriffe des Menschen in die Natur, oft zu Recht, zugegeben, viele Maßnahmen aber waren durchaus segensreich und lebensverlängernd.

So viel zu den Kelten.

Im Ried bei Herbertingen, das wir nun durchfahren, erinnert ein Steinkreuz an eine grausame Tat. An einem freundlichen Maientag des Jahres 1511 wurde hier Andreas von Sonnenberg ermordet, der Herrscher über die umliegenden Gegenden, mit Schlössern in Scheer und auf dem Bussen. Man zählte an der Leiche zwanzig Lanzen- und Schwertstiche. Der Täter war ein Fürst aus der Nachbarschaft, der Graf von Werdenberg, das Mordmotiv gekränkte Ehre. Als der kleine, dicke Graf den Brautführer bei der Hochzeit von Sabina von Bayern in Stuttgart machte, verspottete ihn der großgewachsene, breitschultrige Sonnenberg. Das nahm ihm Werdenberg übel. Zusammen mit fahrenden Kriegsknechten lauerte er dem von der Jagd heimkehrenden Spötter auf, schoss mit Armbrüsten auf ihn und setzte dem Fliehenden nach, bis dieser in seinem Blute lag. Weil der Mörder ein guter Freund des Kaisers war, blieben alle Anklagen erfolglos.

## Mengen

Bevor wir Blochingen erreichen, lenkt uns der Radweg nach Süden. Wir kreuzen erneut die Donau, dann liegt Mengen vor uns, einer der größeren Orte an der jungen Donau.

Der Fuß des Danuvius

## Zeitreise II: die Römer

Neben den Kelten gab es weitere frühe Bewunderer des Donautals, die Römer. Zahlreich sind die Funde, die davon zeugen, wie wohl sich die expansionsfreudigen Südländer in diesen schönen Gegenden gefühlt haben. Zunächst blieben sie aus Respekt vor den Streitäxten der Kelten und Germanen vorsichtig und wählten in diesem Flussabschnitt die Donau als Grenzfluss, dann jedoch lockte das nördliche Flussufer so verführerisch, dass sie den Limes kurzerhand Richtung Alb und Neckar verlegten. Bei Mengen aber, wo ein Kastell auf dem Ennechtaler Berg den Handelsweg vom Mittelmeer schützte, siedelten sie weiter.

Das vielleicht schönste Fundstück grub man auf dem Gelände einer ehemaligen römischen Villa Rustica aus, das einzige erhaltene farbige Mosaik in Oberschwaben. Umgeben von Resten eines Flechtbandes ist das Haupt der Medusa dargestellt.

Medusa, trotz göttlicher Herkunft von sterblicher Natur, war ein echter Pechvogel. Als sie durch einen der Tempel von Pallas Athene spazierte, wurde sie vom Meeresgott Poseidon überfallen und vergewaltigt. Wie reagierte die Hausherrin, als sie, vom Lärm angelockt, Zeugin der Gewalttat wurde? Während sie Poseidon ungestraft entkommen ließ, verwandelte sie Medusa in ein Ungeheuer mit Schlangenhaaren, Schweinshauern und heraushängender Zunge – ein solch grässlicher Anblick, dass jeder, der die Medusa ansah, augenblicklich versteinerte. Hierdurch war die arme Medusa zwar vor weiteren Vergewaltigungen geschützt, zugleich aber blieben ihr auch die Freuden der Liebe versagt. Medusa-Darstellungen wurden im römischen Reich populär, um das eigene Haus zu schützen. Vom Barock bis in die Moderne hielt man an diesem Brauch fest, selbst viele Jugendstilfassaden zeigen die verwegenen Fratzen noch.
Leider musste das schöne, architektonisch äußerst gelungene Römermuseum von Mengen-Ennetach nach nur wenigen Jahren 2015 bereits wieder geschlossen werden. Der Stadt war der Unterhalt zu teuer gekommen. Das Haupt der Medusa aber kann, wer will – und wer sich traut! –, im Landesmuseum Württemberg zu Stuttgart bewundern.

Es hieße grob die Geschichte klittern, würde man die Römer als Aggressoren, die Kelten hingegen als friedliche Täubchen zeichnen. Waren es nicht keltische Krieger, die im Jahr 387 vor Christus bei Nacht und Nebel das Kapitol erstiegen haben? Hätten die Gänse nicht geschnattert und die Römer gewarnt, hätte auch über Roms heiligstem Berg die keltische Fahne geweht. Oder hatten sie keine Fahnen?

Einen weiteren bedeutsamen Fund hat man im Bett der Donau gemacht. Bei Mengen zog man im Jahre 1877 einen behauenen Kalksandstein aus den Fluten. Experten erkannten in dem aus einem einfachen Sockel bestehenden, mit schmucker Bekrönung versehenen Kunstwerk einen Votivaltar. Die lateinische Inschrift wurde wie folgt übersetzt: »Den Altar (hat) dem

Donaugott (errichtet) Queranus (?): froh und freudig nach Gebühr hat er sein Gelübde gelöst.«

Manche Rituale durchziehen die ganze Menschheitsgeschichte. Auch heute noch, in unserem scheinbar so aufgeklärten Jahrtausend, versprechen manche Menschen, heimlich oder ganz offen, eine besondere Tat zu vollbringen, sollte drohendes Unheil von ihnen abgewendet werden. Mit leichtem Spott könnte man ein solches Vorgehen als Bestechungsversuch bezeichnen, mit dem höhere Mächte gefügig gestimmt werden sollen. Vielleicht aber ist der eigentliche Effekt ein psychologischer. Leid kann hilflos machen. Die Passivität jedoch lässt das Leid noch größer erscheinen. Lege ich ein Gelübde ab, befreie ich mich ein Stück aus der lähmenden Untätigkeit und werde wieder zum Handelnden.

Welches Leid wohl Queranus erlitten hat? Und wie ist sein Votivstein in die Donau gelangt? Beim Versuch, sie zu queren? Dem Donaugott wird's nur recht gewesen sein, so konnte er

Die Kazede – ältestes erhaltenes Haus von Mengen (1233)

Der wichtigste Geburtstag in Schwaben

das für ihn in Stein gehauene Dankeschön in aller Ruhe betrachten.

Der Radweg leitet uns nun mitten durch die Stadt. Mengen trägt den Beinamen Fuhrmannsstadt, hat man hier doch bronzezeitliche Wagengräber gefunden, die den Verstorbenen eine bequemere Reise ins Jenseits ermöglichen sollten. Später wurde in Mengen eine wichtige Thurn- und Taxis'sche Posthalterei eingerichtet; in dem Haus aus dem 17. Jahrhundert befindet sich heute das Heimatmuseum.

Der neue Fuhrmannsbrunnen an der Martinskirche erzählt weitere Details, selbst Spuren echter Fuhrwerke sind dort zu sehen, von denen man Gipsabdrücke genommen hat, um sie in Bronze zu gießen. Sehenswert ist auch das älteste Haus, die Kazede. Durch Mengen liefen wichtige Handelsstraßen. »Die Fuhrleut erfüllen die Stadt mit ihren rohen Rufen, es schrillen ihre aus Leder gewonnenen Peitschen«, so schildert es uns ein Freiburger Student anno 1564.

Unsere Drahtesel bewegen sich willig auch ohne Peitschengeknall. Wir rollen an schönen Fachwerkhäusern vorbei, werden hinter Mengen jedoch auf Abwege geführt. Statt an der Donau führt uns das Radfahrsymbol entlang der B 311; zwar folgen wir auch hier einem Flussufer, jedoch handelt es sich nicht um die Donau, sondern um die Ablach, einen weiteren Nebenfluss. Als wir den Fehler bemerken, ist es bereits zu spät umzukehren. So kurven wir am Zielfinger See vorbei Richtung Norden auf die Donau zu.

An der Ablach, die wir gerade überquert haben, hat als kleiner Junge ein großer Philosoph gespielt. Im nahen Meßkirch wuchs Martin Heidegger auf, der mit seinem Werk *Sein und Zeit* berühmt wurde. Mehr berüchtigt als berühmt war seine Rolle als Rektor der Universität Freiburg während der NS-Zeit, was seine wissenschaftliche Leistung jedoch nicht schmälern kann. Uneingeschränkt zustimmen können wir seinem Satz: »Man muss sich seiner Herkunft gewiss sein, um sich der Welt öffnen zu können.« Heimatliebe und Weltliebe sind keine Gegensätze, sondern bedingen einander.

Im kleinen Ort Zielfingen hängt an einem Haus ein großes Bettlaken mit einer lachenden Sonne und einem brummenden Motorrad: »Alles Gute zum 40. Geburtstag« hat jemand darauf gesprayt. Ein solcher Aufwand zum 40.? Der 50. oder 75. Geburtstag, okay, das sind klassische Jubeljahre. Aber der 40. Geburtstag? Dazu muss man wissen, dass die Schwaben seit Langem der Meinung sind, der Mensch komme erst mit vierzig Jahren zu Verstand. Warum so spät, kann man fragen. Mit vierzig? Lohnt sich das überhaupt noch, wenn doch alle wesentlichen Dinge des Schwabenlebens, wie die Eheschließung, die Wahl des richtigen Fußballvereins und die Ausbezahlung des Bausparvertrags, bereits hinter einem liegen?

Selbst Martin Luther hat kritisch angemerkt: »Der Mensch bleibt närrisch bis ins vierzigste Jahr. Wenn er dann anfängt, seine Narrheit zu erkennen, ist das Leben schon dahin.« Zum Glück

Eduard Mörike als Student (1804–1875)

ist die Lebenserwartung heute deutlich höher. Und wer glaubt, von intellektuellen Spätzündern witzeln zu müssen, dem sei entgegengehalten, dass Intelligenzforscher die höchsten deutschen IQ-Werte im Schwabenland ermittelt haben. (Über die Altersverteilung allerdings haben wir keine Angaben gefunden.)

Wir werfen einen letzten Blick auf das Geburtstagsbettlaken. Die aufgemalte Sonne leuchtet ein, warum aber das Motorrad? Soll das Geburtstagskind, nun endlich klug geworden, auf den gefährlichen Sport verzichten? Genau! Radfahren ist doch viel gesünder und schont die Umwelt. Allerdings können so ein paar PS auch vorteilhaft sein, vor allem, wenn es wie jetzt eine steile Anhöhe hinaufgeht. Umso schöner aber ist kurz darauf die Belohnung, die Abfahrt hinunter nach Sigmaringendorf.

Über den Namen stutzen wir, ist uns die Kombination doch in ähnlicher Weise schon begegnet. Neben Zwiefalten gibt es auch Zwiefaltendorf. Die Donauschwaben scheinen ein spezielles städtebauliches Prinzip entwickelt zu haben, erst die Stadt, dann das Dorf zur Stadt. Vielleicht zu Ernährungszwecken? Oder als eine Art Altenheim, ein Austragsdorf für gebrechliche Bürger?

Durch unseren unfreiwilligen Umweg haben wir das Donaustädtchen Scheer umfahren, schade, hätte uns doch nicht nur das Stadtbild mit seinen Kalkfelsen interessiert, auf die man ein Schloss, eine Burg und eine Kirche gestellt hat, sondern auch der dortige Mörike-Pfad. Mörikes ältester Bruder Karl war Amtmann in Scheer, Eduard hatte ihn gerne besucht.

In Scheer hat es dem Dichter wohl aus zwei Gründen besonders gut gefallen: Erstens, weil er eine Zeit lang vom Brotberuf des evangelischen Geistlichen befreit war, und zweitens wegen Josephine. Josephine war die Tochter des Schulmeisters und sie konnte wunderbar singen. Man kann sich durchaus in eine schöne Stimme verlieben, so jedenfalls scheint es dem jungen Mörike ergangen zu sein. Hinzu kam der Frühling, und schon war es um den Dichter geschehen: Ihm flogen die herrlichsten Verse zu. Er beschreibt uns den Ort ihrer ersten Begegnung; es war während eines Gottesdienstes, als er sich verliebte:

*Dazwischen hört ich eine Stimme wehen,*
*Die sanft den Sturm der Chöre unterbrach;*
*Sie schmiegte sich mit schwesterlichem Flehen*
*Dem süß verwandten Ton der Flöte nach.*

*Wer ist's, der diese Himmelsklänge schickt?*
*Das Mädchen dort, das so bescheiden blickt.*
*Ich eile sachte auf die Galerie;*
*Zwar klopft mein Herz, doch tret ich hinter sie …*

Die schönen Verse leben weiter, von Josephine aber weiß keiner mehr. C'est la vie!

## Sigmaringen

Wir wenden uns wieder dem Westen zu. Auf idyllischen Wegen geht es nun dicht am Donauufer entlang von Sigmars Dorf zu Sigmars Stadt. Wieder schwärzt sich der Himmel, beim Hineinrollen erwischen uns tatsächlich noch ein paar Tropfen. An den prächtigen Bürgerhäusern erkennt man die Residenzstadt – mächtig beherrscht das Schloss den Kern, gleich gegenüber liegt die *Traube*, unser heutiges Nachtquartier.

### Sigmaringen und die Hohenzollern

Eigentlich hießen sie die Zollern. Auf einem Berg südlich von Hechingen auf der Schwäbischen Alb – ein Autostündchen entfernt – hatten sie sich vermutlich schon im 11. Jahrhundert eine erste Burg errichtet. Bald sollte sie jeder »Hohenzollern« nennen, die fürstlichen Schwaben entwickelten sich zu einem der bedeutendsten Herrscherhäuser Europas, besonders die fränkische Linie: Als Burggrafen von Nürnberg mit der Mark Brandenburg belehnt, stiegen sie zu preußischen Königen und schließlich Kaisern des Deutschen Reiches auf. Aber auch die in Schwaben verbliebene katholische Verwandtschaft mischte weiter mit, in erster Linie das Haus Hohenzollern-Sigmaringen.

Auf dem Felsen, auf dem das Sigmaringer Schloss stand, hatten vielleicht einmal die Römer gesiedelt. Einen Römerturm gibt es immer noch, der Bergfried aus dem 12. Jahrhundert gehört neben Palas und Burgtor zu den ältesten erhaltenen Bauresten. Schon die frühe Burganlage besaß bedeutende Ausmaße und wird jeden Donaureisenden beeindruckt haben.

Doch auch bei stolzen Burgherren kommt es mit der Zeit zu Veränderungswünschen. Im 15. Jahrhundert machten sich die baulustigen Grafen von Werdenberg daran, die Burg nach Nordosten zu erweitern, eine Jahreszahl am Schwedischen Turm zeugt noch davon. Im 17. Jahrhundert wurde der Renaissancestil modern, Hans Alberthal aus Dillingen leitete die Umbaumaßnahmen.

Mit der Mittelaltersehnsucht des 19. Jahrhunderts hielt die Neogotik im Schloss Einzug. Da man bei aller Begeisterung für die Welt

Stolzer Herrscher über die Donau: Schloss Sigmaringen

Von links oben nach rechts unten:
Schloss, Josefskapelle, Hedinger Kirche, Blick vom Josefsberg

der Ritter und Edelfrauen aber auf modernen Komfort nicht verzichten wollte, beschloss man, Leitungen für elektrischen Strom zu verlegen. Um die historische Illusion jedoch nicht zu zerstören, mussten diese hinter den Papiertapeten verlaufen, was sich als verhängnisvoll erweisen sollte: Heißer Lötzinn löste in der Nacht des 17. April 1893 einen Schwelbrand aus. Trotz der von überall einrückenden Feuerwehren fiel ein großer Teil des Schlosses den Flammen zum Opfer.

Lange aber sollte die Ruine keine Ruine bleiben. Man holte den Münchner Architekten Emanuel von Seidl, der den eklektisch-historisierenden Stil so perfekt umsetzte, dass man heute noch meint, ein mittelalterliches Schloss zu bestaunen.

Die Hohenzollern und auch die Staufer. Ist es ein Zufall, oder warum haben diese mächtigen Herrscherhäuser ihren Ursprung nahe der jungen Donau? Sicher aber ist es ein extraordinärer Zufall, dass wir auf unserer Tour unseren alten Kumpel Flo getroffen haben, der schon in der *Traube* auf uns wartet. Er erzählt uns, was wir hätten sehen können, wenn wir den kleinen Abstecher nach Zwiefalten nicht gemacht hätten, sondern dem Donauufer treu geblieben wären. Malerisch sei der Donaudurchbruch bei Obermarchtal. Das dortige Kloster gilt als eines der prächtigsten des oberschwäbischen Barocks, errichtet wie so viele andere von den fleißigen Vorarlberger Baumeistern Michael und Christian Thumb sowie Franz Beer.

Der originellste Kopf von Obermarchtal war der Priester und Mönch Sebastian Sailer (1714–1777). Er gilt als Begründer der schwäbischen Mundartdichtung und fleißiger Theaterdichter (Theater zu spielen war in Barockklöstern durchaus üblich). Lachsalven muss es gegeben haben, wenn seine *Schwäbische*

Donauzauber in Sigmaringen

*Schöpfung* aufgeführt wurde. Als der frisch erschaffene Adam nicht reden wollte, ermahnte ihn Gottvater: »Odam, schwätz, sey itt so faul, suscht schlöd di Gott Vatter ufs Maul.«

Nicht nur Obermarchtal, auch der sich anschließende Flussabschnitt mit der frei durch das Tal mäandernden Donau sei die pure Idylle gewesen, berichtet uns Flo. Nun, man kann auf einer Reise nicht alles sehen und muss sich hübsch bescheiden. Wir jedenfalls möchten die Eindrücke unseres kleinen Umwegs über Zwiefalten nicht missen.

In einem kleinen Schreibwarenladen hat Flo ein Kartenspiel ergattert. So dreschen wir nach dem Abendessen noch einen zünftigen Skat. Zum Skat aber gehört ein gutes Bier, auch das bekommt man in Sigmaringen.

Die schwäbische Residenzstadt ist nicht die unwichtigste unter den deutschen Braustätten. Im Jahr 1849 übernahm ein junger Braumeister das fürstliche Brauhaus. Gerade mal 25 Jahre alt war der aus Riedlingen stammende Friedrich Müller, und

Das Weißbier danach – himmlisch!

doch hatte er auf seinen Wanderjahren bereits etliche süddeutsche Sudstätten kennengelernt. Auf dem Bräubergle oberhalb des Karlsplatzes braute er ein vorzügliches Bier. Sei es aufgrund politischer Unruhen, sei es wegen zu harter Auflagen, nach vier Jahren zog es ihn weiter. Er bat die fürstliche Familie, ihn aus der Pacht zu entlassen, und fuhr mit Frau und Kind über den großen Teich, um sich im US-Staat Wisconsin an den großen Seen eine neue Existenz aufzubauen.

Glücklicherweise blieb der Schneider bei seinen Leisten und damit dem Brauhandwerk treu. Außerhalb von Milwaukee kaufte er die Brauerei »Old Watertown Plank Road Brewery« und begann, Bier nach deutschen Rezepten zu brauen. Der Name der Brauerei aber war definitiv zu lang für das Flaschenetikett. So begnügte sich Friedrich Müller mit seinem Familiennamen, den er, um den Amerikanern die Aussprache zu erleichtern, in Miller änderte.

Das »Miller« wurde ein Renner und floss hektoliterweise durch amerikanische Kehlen. Der Beginn eines Brauereiimperiums war gemacht. Nach der Fusion mit den South African Breweries ist es dem Marktführer Anheuser-Busch InBev in der internationalen Bier-Hitparade dicht auf den Fersen. Sollten Sie selbst einmal in den USA – ob an einem Tresen in Manhattan oder am Strand von Hawaii – ein Miller-Bier trinken: Sigmaringen ist überall! Der Hefestamm der Miller-Biere ist bis heute der Hefestamm der Hofbrauerei Sigmaringen. Und auf die Hefe kommt es schließlich an. Prost!

Biergeschichten machen durstig. Wir ordern eine letzte Runde, bevor in der *Traube* die Lichter ausgehen. Zum Ende des Tages aber sind wir Ihnen noch die Auflösung des Rätsels schuldig: Der gesuchte Fußballstar aus Riedlingen ist natürlich Mario Gómez.

# Dritter Reisetag

## Wilde Romantik und einsame Klöster, der Durchbruch der Donau und ihr Verschwinden: von Sigmaringen über Tuttlingen nach Kirchen-Hausen

Donau-Radweg
Autobahn
Bundesstraße
Start/Ziel
Stadt/Ortschaft
Highlight
Bahnhof
4 km
Naturpark Obere Donau
Donaudurchbruch
Sigmaringen
Schloss
Inzigkofen
Amalienfelsen
Augustiner-Chorfrauenstift
Schmeie
Gutenstein
Donau
Beuron
Mauruskapelle
Erzabtei
Bära
Stephanshöhle
Fridingen
Donauversinkung
Mühlheim
Schloss
Felsenhöhle
Nendingen
Ablach
Elta
Tuttlingen
Jugendstilkirche
Möhringen
Immendingen
Schlösser
Donauversinkung
Höwenegg
Kirchen-Hausen

# Dritter Reisetag

## Wilde Romantik und einsame Klöster, der Durchbruch der Donau und ihr Verschwinden: von Sigmaringen über Tuttlingen nach Kirchen-Hausen

Auch Sigmaringen ist stolz auf seine Kirchturmglocken. Zu Recht! Während ihre Kolleginnen aus Munderkingen die gevierteilten Stunden nur mit monotonem Schlag angeben können, erklingt in Sigmaringen die ganze Nacht hindurch eine schöne Melodie. Sie kennen die Weise, man hat sie dem Big-Ben-Tower abgelauscht. Gespielt wird sie nach einem raffinierten Schema: Die ersten zwei Töne deuten die volle Viertelstunde an, vier Töne die halbe Stunde, sechs Töne der Viertel drei und acht Töne die volle Stunde. Man täte aus dem Bett mitsingen mögen, wenn man nicht lieber schnarchen wollen würde.

In Sigmaringen hat sich so manche Geschichte ereignet, etwa als die Stadt im Dreißigjährigen Krieg an die Schweden fiel oder als die Nazis in der Endphase des Krieges meinten, die französische Marionetten-Regierung hierherbringen zu müssen, und das Sigmaringer Schloss zum neuen französischen Regierungssitz erklärten. Dabei wurde Marschall Pétain gegen seinen ausdrücklichen Willen verschleppt, er nutzte dann auch mit manch anderen Franzosen in den letzten Kriegstagen die Möglichkeit zur Flucht. Die vielleicht fantastischste Geschichte, die sich in Sigmaringen zugetragen hat, aber stammt von Jules Verne. Der frühe Science-Fiction-Autor, der seine Helden zum Mittelpunkt der Erde und ins Weltall schickt, lässt seinen ebenso spannenden wie witzigen Roman *Der Pilot von der Donau* in Sigmaringen beginnen. Eine Verbrecherbande bedroht die Menschen entlang der Donau mit Raub und Mord. Der ungarische Fischer Ilia Brusch, der bei einem skurrilen Wettangeln des internationalen Donaubundes, eines Zusammenschlusses sämtlicher Donauangler, den dicksten Fisch aus der Donau gezogen hat, beschließt, sich die gesamte Donau hinuntertreiben zu lassen und sich dabei ausschließlich von gefangenem Fisch zu ernähren. Tatsächlich aber ist seine Identität eine völlig andere und auch seine Absicht … Mehr soll nicht verraten werden.

Der Frühstückskaffee vertreibt die Müdigkeit. Zur frischen Morgenstunde geht's zur Donau hinunter und weiter zum nahen Inzigkofen.

## Inzigkofen

Während eine Seniorengruppe von E-Bikern an uns vorbeizieht, schlagen wir uns an der Kuppe des Klosterberges seitlich in die Büsche. Ein lauschiger Park nimmt uns auf, verschlun-

Landschaftsgarten Inzigkofen

gene Wege führen uns an uralten Bäumen vorbei hinab zum Flussufer. Die versteckte Au hält man frei von hohem Bewuchs, so kann der Blick ungehindert auf eine steile Felswand fallen, an der sich die Donaufluten abkämpfen, der Amalienfelsen. »Andenken an Amalie Zephyrine 1841« steht in gusseisernen Buchstaben hoch auf der Felswand.

## Amalie Zephyrine von Salm-Kyrburg

Zugegeben, der Name klingt verstaubt wie ein altes Hirschgeweih. Amalie Zephyrine von Salm-Kyrburg jedoch war alles andere als verstaubt oder gar einsam. 1760 in Paris geboren, hat sie in jungen Jahren den Glanz des französischen Hofes erlebt und genossen. Als sie den Erbprinzen Anton Aloys von Hohenzollern-Sigmaringen heiratete, heiraten musste, und in die kleine Residenzstadt an der Donau zog, begann sie sich unerträglich zu langweilen. In Mannerkleidung gehüllt, flüchtete sie aus der bedrückenden Enge, ihren Mann und ihren kleinen Sohn zurücklassend. In Paris bezog sie ein Adelspalais, das bald zum Treffpunkt des vorrevolutionären Frankreich wurde. Ihr französischer Geliebter, Alexandre de Beauharnais, und ihr Bruder Friedrich gehörten zu den aktiven Revolutionären, die für Freiheit, Gleichheit und Brüderlichkeit kämpften. Beide wurden gefangen genommen und während der jakobinischen Schreckensherrschaft auf der Guillotine geköpft.

Amalie überlebte und hielt enge Kontakte zu bekannten Revolutionären wie Talleyrand und auch zu Josephine, der Frau ihres getöteten Liebhabers Alexandre. Diese Beziehung sollte sich für das kleine Fürstentum Hohenzollern-Sigmaringen auszahlen, denn Josephine wurde die Frau Napoleons, und als nach dessen erfolgreichen Schlachten die Landkarte Europas neu gezeichnet wurde, konnte es Amalie verhindern, dass Hohenzollern-Sigmaringen Württemberg oder Baden zugeschlagen wurde. Amalies Sohn Karl, den sie so früh in Sigmaringen verlassen hatte, konnte deshalb den väterlichen Thron besteigen. So läuft Politik. Vitamin B ist manchmal alles.

Wie ging es mit Amalie weiter? Im Jahr 1808, nach zwanzig aufregenden Pariser Jahren, in denen sie von einem weiteren Liebhaber eine Tochter bekam, kehrte sie schließlich nach Sigmaringen zurück, nicht zu ihrem Mann, von dem sie weiter getrennt lebte, aber zu ihrem Sohn und dessen Frau, die aus französischem Adel stammte. Zwei Jahre später richtete sich Amalie im Amtshaus des ehemaligen Klosters von Inzigkofen ein und ließ den schönen Landschaftsgarten an der Donau anlegen.

Als ihr bewegtes Leben mit 81 Jahren zu Ende ging, war die Trauer groß. Den Idealen der französischen Revolution treu geblieben, hatte die Fürstin sich stets für das Volk und dessen Bildung eingesetzt. Was den Menschen blieb, das war der lauschige Park von Inzigkofen, nicht der größte, aber einer der schönsten an den Donauufern.

Wir werfen einen letzten Blick auf den Amalien-Felsen. Wie mutig müssen die Kletterer gewesen sein, die sich hier abgeseilt haben, um die Inschrift im harten Stein zu fixieren. Amalies Sohn Karl hatte die Inschrift gestiftet, seitdem trägt der einstige Blaufelsen den Namen seiner Mutter. Das Kalksteinmassiv, das über dreißig Meter aus der Donau ragt, ist geologisch von einiger Bedeutung, kennzeichnet es doch das Ende des Donaudurchbruchs durch die Schwäbische Alb, aus unserer Perspektive dessen Anfang. Verdammt harte Arbeit für einen Fluss, sich an dieser Stelle durchzubeißen, denn das Juragestein ist äußerst widerstandsfähig, wie uns Flo erzählt – und Flo muss es wissen.

## Der Donaudurchbruch

Einst hatte sich hier ein flaches Meer erstreckt, knappe 150 Millionen Jahre ist das her. Muscheln, Schnecken und andere Schalentierchen vermehrten sich lustig, dann sanken sie tot auf den Grund und bildeten eine mächtige Kalkschicht, die zum fossilienreichen Juragestein wurde. Die Alb hob sich und mit ihr die Kalkschicht. Durch die fleißige Arbeit der Donau aber, die sich der allmählichen Hebung des Landes widersetzte, entstand ein tiefer Einschnitt mit den gigantischen, bis zu 200 Meter hohen Jura-Kalkwänden, die teilweise senkrecht in den Himmel ragen, der Donaudurchbruch. Das Tal ist so schmal, dass nur eine Bahnstrecke hineinpasste, auf eine Straße musste man glücklicherweise verzichten.

Der Donaudurchbruch bei der Schwäbischen Alb

Inzigkofen: ehemaliges Augustiner-Chorfrauenstift

Nicht aber auf einen Radweg! Nachdem wir den Berg wieder erklommen und den Parkausgang erreicht haben, radeln wir durch das anmutige Klostergelände. Hier befand sich einst ein traditionsreiches Augustiner-Chorfrauenstift. Es wurde 1354 gegründet und hat die Gegend über 500 Jahre geprägt. Einige Gebäude stehen noch und auch die Klostermauern und die Kirche.

Ebenso originell wie kunstfertig ist das Gitter, das die Nonnenempore begrenzt. Es erinnert an eine Gartenanlage mit schlanken Bäumchen, deren Blätterwerk sich fröhlich im Wind bewegt. Die Inzigkofener Schwestern hatten sich selbst strengste Einsamkeit verordnet. Sie lebten äußerst zurückgezogen, selbst im Gottesdienst verwehrten sie sich den direkten Kontakt zu den weltlichen Christen, deshalb die Empore mit ihrem Gitter. Umso intensiver haben sich die Nonnen mit der Literatur beschäftigt, viele Schriften sind in einem eigenen Skriptorium entstanden.

Die meisten Bücher sind bei der Aufhebung des Klosters leider verloren gegangen, die erhaltenen Exemplare zeugen noch von dem einst reichen Bestand. Die Inzigkofer Klosterbibliothek war eine der bedeutendsten an der jungen Donau, besonders die Handschriften zur Mystik sind von unschätzbarem Wert.

Ein weiteres eindrucksvolles Kunstwerk, das in Inzigkofen geschaffen wurde, befindet sich allerdings nicht mehr an der Donau, sondern an der Spree. Man muss nach Berlin fahren, zur Museumsinsel, zum Bode-Museum. Das Kunstwerk aus Eichenholz ist eine der schönsten Darstellungen zweier Freunde. Johannes, der Jünger, den Jesus liebte, hat seinen Kopf an Christi Schulter gelegt und die Augen träumend geschlossen. Jesus legt seine Hand wie zum Schutze auf seine Schulter und hält mit seiner anderen die Rechte seines Gefährten. Einen knappen Meter nur ist die Figurengruppe hoch, ihre Innigkeit aber lässt sie größer wirken.

So weltabgewandt die Klosterschwestern auch gelebt haben mögen, sie waren durchaus praktisch veranlagt. Als das Kloster in der Barockzeit nach dem Dreißigjährigen Krieg modernisiert werden musste, die Finanzierung der Baumaßnahmen aber noch auf wackligen Füßen stand, packten die Nonnen, wenn sie sich unbeobachtet glaubten, kräftig mit an. So haben auch sie ihren Anteil an dem neu entstandenen dreiflügeligen Klosterbau und der Kirche.

Dass manche Nonnen auch einen grünen Daumen hatten, davon kann man sich einen Eindruck verschaffen, wenn man den hübschen Klostergarten besucht, die grüne Apotheke des Stifts. Schön ist auch die schattige Klosterallee, die uns aus dem sakralen Bereich hinausgeleitet.

Bald müssen wir kräftig in die Bremsen greifen, mächtig zieht es unsere Räder bergab. Unten angekommen, genießen wir mit dem Donaudurchbruch den vielleicht romantischsten Flussabschnitt. Malerisch windet sich das enge Tal an kühnen Felsformationen vorbei – Namen, die neugierig machen: Teufelsloch, Glasträgerfelsen, Korneliusfelsen, Bischofsfelsen. Zahl-

Unberührte Natur abseits des Straßenverkehrs

reiche Burgen stehen auf den Höhen und halten Wacht, am schönsten vielleicht die Burg Wildenstein; trutzig beherrscht sie das Tal, stolz darauf, nie eingenommen worden zu sein, oder doch nur für kurze Zeit von den Schweden, als der Burgvogt eingeschlafen war.

Kleine Dörfer und Städtchen kuscheln sich in die wenigen etwas breiteren Talpassagen, ansonsten beherrscht der wilde Lauf der Donau die Szenerie. Hoch über Gutenstein die Reste einer Felsnadelburg, »Gebrochen Gutenstein«, typisches Beispiel der Burgarchitektur im Donaudurchbruchstal. Man nahm einen aufragenden Felsen als Fundament für eine Burganlage, getreu dem Christuswort, man solle sein Haus nicht auf Sand, sondern auf Stein errichten. Dass auch solcherart gebaute Gebäude allerdings nur von begrenzter Haltbarkeit sind, bezeugen die Ruinen. Kunst findet sich ebenfalls am Wege, ein riesiger Fuß wie aus der Römerzeit, mit einem Nagel durchbohrt, wie beim Gekreuzigten. Nicht unser Geschmack, zu grausam das Ganze. Hier kommen doch Kinder vorbei. Wir müssen an Lessings Aufsatz über die Laokoongruppe denken, den verzweifelt gegen die Schlangen kämpfenden Vater, der seine Söhne retten will. Die bildende Kunst kann anders als die Literatur nur einen Moment darstellen, keine Handlung. So fehlen der Bildhauerei die Möglichkeiten, dramatische Momente abzumildern, im ungünstigen Fall lässt sie den Betrachter mit seiner Betroffenheit allein. Nur weiter!

Ein Felsen stellt sich uns in den Weg, den ein kleiner Tunnel durchquert. Ein Radfahrertunnel, originell. Immer grüner scheint das Tal zu werden, dazwischen tauchen Felswände auf, so manche Höhle können wir entdecken, uraltes Siedlungsgebiet. Auf der Schwäbischen Alb wurden sagenhafte 2800 Höhlen entdeckt! Durchlöcherter ist keine andere Gegend Deutschlands. Fünf schwäbische Höhlen wurden von der UNESCO besonders ausgezeichnet, anrührende Kunstwerke aus Mammutknochen zeugen von früher Meisterschaft. Auch das älteste Musikinstrument der Welt hat man in einer der Höhlen gefunden, eine Flöte aus Gänsegeierknochen. Man sollte mal wieder

Vorsicht! Kopf einziehen!

ein Konzert darauf spielen, vielleicht ein Flötenquartett. Musik aus der Steinzeit, bestimmt faszinierend.

## Naturpark Obere Donau

Einer von sieben Naturparks Baden-Württembergs ist der Naturpark Obere Donau, dessen Herz wir gerade passieren. Von Riedlingen erstreckt sich der Park bis Immendingen, nördlich der Donau umfasst er mit dem Heuberg die südwestliche Hochfläche der Schwäbischen Alb, südlich der Donau erstreckt er sich ins Alpenvorland. Ihre Verehrer hatte die wildromantische Landschaft bereits in der Steinzeit, aber auch das Mittelalter hat zahlreiche Spuren hinterlassen. Wo immer ein Berg lockte, fand sich ein Bauherr. Die Reste von 89 Burgen legen eindrucksvoll Zeugnis davon ab.

Engagierten Bürgern ist es zu verdanken, dass der Naturpark Obere Donau gegründet wurde. 1980 schloss man sich zu einem Trägerverein zusammen, dem heute 56 Gemeinden und vier Landkreise angehören, dazu viele aktive Verbände und Vereine. Ziel ist es, die einzigartige Schönheit des Naturparks zu erhalten und ihn durch ökologischen Tourismus zugänglich zu machen. Auch unpopuläre Maßnahmen scheut man nicht. So schön es sich auch auf den Felsen herumklettern lässt, auf die Brutzeit der Vögel muss Rücksicht genommen werden.

Mit etwas Glück soll man hoch auf den Felsen sogar ein besonderes Tier beobachten können, die Gämse. Seit den 1970er-Jahren springt sie über die Höhen des Donauufers. Wie mag sie hierhergekommen sein? Darüber gibt es zwei unterschiedliche Theorien. Die eine besagt, das Klettertier sei von den Alpen-

Impressionen vom Donaudurchbruch: einer der schönsten Radwege Deutschlands

gipfeln heruntergehüpft und zur Donau gesprungen, die andere Theorie besagt, man habe die Tiere heimlich ausgesetzt, Jäger vielleicht, die auf reichen Nachwuchs hofften, um sich endlich mal mit einem Gamsbart schmücken zu können. Wir legen unsere Köpfe in den Nacken, auf den Kalkfelsen aber bewegt sich nichts. Gämsen sind scheue Tiere.

Wir beschließen, dem weiteren Talverlauf mit Respekt zu begegnen, denn der Weg belebt sich nun stark. Dass dieser Donauabschnitt zu den spektakulärsten zählt, hat sich offenbar herumgesprochen. Der Radverkehr nimmt deutlich zu und auch die Zahl der Wanderer. Vorsicht in den Kurven! In einem Waldstück ein Schild: »Radfahrer absteigen!« Es scheint schon zu Unfällen gekommen zu sein.

## Beuron

Abrupt bremsen wir, als wir an einer seltsamen Kapelle vorbeikommen. Oder ist es ein griechischer Tempel? Nein, vielleicht doch eher eine byzantinische Kirche. Oder etwa ein ägyptischer Kultort? Die Vorhalle, zu der es über beidseitige Treppen und ein Zwischenpodest geht, wird von zwei mächtigen Pfeilern gestützt, auf dem Dachfirst balanciert ein bronzener Engel. Auf dem großen Wandbild über der Eingangstür grüßt Maria mit dem Kind, Szenen aus dem Leben eines Mönches schmücken die Außenwände der Cella. Es handelt sich um Maurus, den Schüler und Nachfolger des heiligen Benedikt von Nursia. Als einer seiner Mitbrüder, der heilige Placidus, im Wasser zu ertrinken drohte, nahm sich Maurus Jesus zum Vorbild, lief über die Wellen und rettete dem Freund das Leben. Auch diese Geschichte erzählt der Fries.

Baumeister war Desiderius Lenz, ein gefragter Bildhauer und Kunstprofessor, der bei den Frauen jedoch weniger Erfolg hatte. Mehrmals mit einem Korb beschenkt, entschied er sich dafür, Mönch zu werden, und ging als Benediktiner nach Beuron. Seine Schrift *Zur Ästhetik der Beuroner Schule* aus dem Jahr 1898 erzählt davon, wie sehr er von der Kunst des alten Ägypten und ihrer mathematischen Schönheit begeistert war. In der Mauruskapelle hat Desiderius Lenz seine theoretischen Vorstellungen erstmals verwirklichen können, es grüßen Byzanz, Theben und Alexandria.

Wir nehmen einen Schluck Wasser aus dem gefassten Brunnen, der zentral vor der Treppe sprudelt. Dann wird wieder aufgesessen.

Kurz darauf erreichen wir die Erzabtei Beuron, den Eingang zum Donaudurchbruch oder, radelt man die Donau aufwärts, sein Ende.

## Die Erzabtei Beuron

Ursprünglich beteten hier Augustiner-Chorherren. Man nimmt an, dass das Ur-Kloster zum Ende des 11. Jahrhunderts errichtet worden ist, hoch auf dem Felsen, vor dem Übermut der Donau

Die Mauruskapelle – Beuroner Kunstschule an der Donau

gut geschützt. Es heißt, Graf Peregrin von Hosskirch sei auf der Jagd gewesen, als ihm die Gottesmutter erschien und ihm empfahl, statt den Hirsch zu erlegen doch lieber ein Kloster zu bauen. Wechselhaft war dessen Geschichte und doch konnte es sich behaupten, bis es mit Napoleons Siegeszügen und dem Ende des Römischen Kaiserreichs Deutscher Nation an die Grafschaft Hohenzollern-Sigmaringen fiel.

1802 musste der letzte Abt die Klostertür zusperren, Fürstin Katharina aber ermöglichte durch eine Stiftung einen Neuanfang, wozu sie die Benediktiner berief. 1868 wurde Beuron wieder zur Abtei erhoben, als Gründungskloster der Beuroner Kongregation, zu der 16 Klöster im deutschsprachigen Raum gehören. Nur ein gutes Jahrzehnt später zogen die Mönche schon wieder aus. Bismarcks Kulturkampf forderte seine Opfer, 1887 aber durften sie zurückkehren.

Die Beuroner Mönche waren und sind ausgesprochen kunstsinnige Menschen, was nicht verwundert, regt doch die malerische Lage des Klosters die Fantasie mächtig an. Wie bei der Mauruskapelle orientierte man sich an byzantinisch-ägyptischen Vorbildern und schuf Kunstwerke, die überall nachgefragt wurden. Ein weiteres wichtiges Standbein war die wissenschaftliche Bibliothek, die mit über 400.000 Bänden zur größten Klosterbücherei Deutschlands heranwuchs. Das berühmteste Buch, das in Beuron entstand, war der *Schott*, ein Laienmessbuch, das nach dem Beuroner Pater Anselm Schott benannt ist.

Zeit für eine Stärkung. Die Straße kreuzt ein älterer Klosterbruder, zur schwarzen Kutte trägt er keck eine Schirmmütze. Wir grüßen und fragen nach der Klostergaststätte. Sie liegt außerhalb des Klostergeländes, ein älteres Haus, von dessen Toilettenfenster man eine grandiose Aussicht auf den Donaudurchbruch genießt. Zu früheren Zeiten konnten Gäste mit den Mönchen im großen Refektorium speisen. Liest man allerdings einen Bericht des Schwarzwälder Dichters Hansjakob (1837–1916), so ist man vielleicht ganz froh, nun eine Alternative zu haben.

Heinrich Hansjakob, der die Mönche ob ihrer Kunstsinnigkeit ausdrücklich lobt, schreibt über die Klosterkantine:

*»Was mir nicht gefiel in Beuron, war das Essen im großen Refektorium. Da sitzen die Gäste in der Mitte des Saales an einem isolierten Tisch, den ringsum die Tische der Mönche umstehen. Ich kam mir vor wie ein alter Truthahn, den man auf dem Servierbrett mitten in eine Essgesellschaft hineingestellt hat. Ich würde um keinen Preis mehr hier speisen.«*

Na, da sind wir froh, dass es gegenüber vom Kloster ein Gasthaus gibt. Im Freien sitzen schon ein paar Mittagsgäste unter den Sonnenschirmen und lassen es sich schmecken. Auch wir rücken in den Schatten und studieren die Karte. Nur eine Kleinigkeit wollen wir essen, dringender ist es, den Durst zu stillen. Wieder kommt der ältere Klosterbruder vorbei. Wir fragen ihn, wie viele Brüder denn noch im Kloster sind. »Vierzig«, antwortet er, »der älteste von uns wird bald hundert.« Das klösterliche Leben scheint bekömmlich für die Gesundheit zu sein, der regelmäßige Tagesablauf, die Zeiten für Stille und Besinnung. Ob der Stress der Moderne an den Klostermauern abprallt? Vielleicht, vielleicht auch nicht. Kloster Beuron, so lesen wir, betreibt weiterhin einen renommierten Kunstverlag. Ganz so weltabgeschieden lebt man also nicht. Der berühmteste Gast des Klosters aber war eine Frau.

## Edith Stein

Beuron, 12. April 1933. Schweren Herzens setzt sich Pater Raphael, der Erzabt des Klosters, an seinen Schreibtisch. Ein Brief ist zu verfassen, ein Brief an den Papst. Es soll kein langes Schreiben werden, der Abt will die knappe Zeit des Heiligen Vaters nicht über Gebühr in Anspruch nehmen. Es ist auch lediglich ein Begleitbrief, er soll das Herz des Papstes öffnen, sich den Brandbrief durchzulesen, den ihm eine junge Dozentin vom Deutschen Institut für

Edith Stein (geb. 1891 in Breslau, gest. 1942 in Auschwitz)

wissenschaftliche Pädagogik Münster schreibt. Seit ein paar Wochen sind in Deutschland die Nazis an der Macht, das Schlimmste ist zu befürchten. Dringend braucht man Hilfe aus Rom. Der Abt greift zur Feder.

*Eminenz!*
*Eine Bittstellerin hat mich aufs Angelegentlichste gebeten, den beigefügten Brief, den sie mir im versiegelten Umschlag übergab, an Seine Heiligkeit weiterzuleiten. Die Bittstellerin ist mir und überall im katholischen Deutschland bekannt als eine Frau, die in ihrem Glauben, ihrer sittlichen Integrität und ihrer wissenschaftlichen Bildung hochrenommiert ist …*

Edith Stein hatte Beuron erstmals zu Ostern 1928 besucht, an die zwanzig weitere Besuche sollten sich anschließen. Sie kam zum Gebet und um Exerzitien zu halten, um zur Ruhe zu kommen und zu sich selbst. Zu Raphael Walzer, dem Abt, hatte sich über die Jahre eine freundschaftliche Beziehung entwickelt. Jetzt, wo das Grauen der Nazi-Herrschaft wahr geworden war, wandte sie sich in ihrer Not an ihn. Mit seiner Hilfe wollte sie erreichen, dass der Papst endlich sein Schweigen brach und sich entschlossen gegen Hitler stellte. Alles stand in dem versiegelten Schreiben.

*Heiliger Vater!*
*Als ein Kind des jüdischen Volkes, das durch Gottes Gnade seit elf Jahren ein Kind der katholischen Kirche ist, wage ich es vor dem Vater der Christenheit auszusprechen, was Millionen von Deutschen bedrückt.*
*Seit Wochen sehen wir in Deutschland Taten geschehen, die jeder Gerechtigkeit und Menschlichkeit – von Nächstenliebe gar nicht zu reden – Hohn sprechen. Jahre hindurch haben die nationalsozialistischen Führer den Judenhass gepredigt. Nachdem sie jetzt die Regierungsgewalt in ihre Hände gebracht und ihre Anhängerschar – darunter nachweislich verbrecherische Elemente – bewaffnet hatten, ist die Saat des Hasses aufgegangen (…) Sie treibt durch ihre Boykotterklärung – dadurch, dass sie den Men-*

*schen wirtschaftliche Existenz, bürgerliche Ehre und ihr Vaterland nimmt – viele zur Verzweiflung: es sind mir in der letzten Woche durch private Nachrichten 5 Fälle von Selbstmord infolge dieser Anfeindungen bekannt geworden. Ich bin überzeugt, dass es sich um eine allgemeine Erscheinung handelt, die noch viele Opfer fordern wird. Man mag bedauern, dass die Unglücklichen nicht mehr den inneren Halt haben, um ihr Schicksal zu tragen. Aber die Verantwortung fällt doch zum großen Teil auf die, die sie so weit brachten. Und sie fällt auch auf die, die dazu schweigen.*

*Alles, was geschehen ist und noch täglich geschieht, geht von einer Regierung aus, die sich »christlich« nennt. Seit Wochen warten und hoffen nicht nur die Juden, sondern Tausende von treuen Katholiken in Deutschland – und ich denke, in der ganzen Welt – darauf, dass die Kirche Christi ihre Stimme erhebe, um diesen Missbrauch des Namens Christi Einhalt zu tun. Ist nicht diese Vergötterung der Rasse und der Staatsgewalt, die täglich durch den Rundfunk den Massen eingehämmert wird, eine offene Häresie? Ist nicht der Vernichtungskampf gegen das jüdische Blut eine Schmähung der allerheiligsten Menschheit unseres Erlösers, der allerseligsten Jungfrau und der Apostel? Steht nicht dies alles im äußersten Gegensatz zum Verhalten unseres Herrn und Heilands, der noch am Kreuz für seine Verfolger betete?*

*Wir alle, die wir treue Kinder der Kirche sind und die Verhältnisse in Deutschland mit offenen Augen betrachten, fürchten das Schlimmste für das Ansehen der Kirche, wenn das Schweigen noch länger anhält. Wir sind auch der festen Überzeugung, dass dieses Schweigen nicht imstande sein wird, auf die Dauer den Frieden mit der deutschen Regierung zu erkaufen. Der Kampf gegen den Katholizismus wird vorläufig noch in der Stille und in weniger brutalen Formen geführt wie gegen das Judentum, aber nicht weniger systematisch. Es wird nicht mehr lange dauern, dann wird in Deutschland kein Katholik mehr ein Amt haben, wenn er sich nicht dem neuen Kurs bedingungslos verschreibt.*

*Zu Füssen Eurer Heiligkeit, um den Apostolischen Segen bittend,*
*Dr. Editha Stein*

Wie reagierte der Papst? Das Schweigen in Rom, es hielt an. Die Befürchtungen von Edith Stein wurden von der Wirklichkeit noch übertroffen. Edith Stein wurde von den Nazis gefangen genommen und in Auschwitz ermordet. Raphael Walzer, der Erzabt von Beuron, musste nach Frankreich fliehen, nach dem Krieg begründete er ein Kloster in Algerien. Von Beuron aus hatten die beiden mutigen Menschen versucht, die Kirche wachzurütteln. Vergebens.

Mit einem Paar vom Nachbartisch kommen wir ins Gespräch. Radfahrfachsimpelei. Als Flussradler wird man sogleich Teil einer verschworenen Gemeinschaft. Oft trifft man dieselben Leute wieder, überholt, wird überholt, grüßt sich – und selbst, wenn man versucht, sich zu ignorieren, nimmt man den anderen doch wahr und bildet sich ein Urteil. Ein gemeinsames Ziel verbindet eben.

Was wohl die anderen über uns denken? Viele Radlergruppen tragen einen einheitlichen Dress. Anders bei uns. Unterschiedlicher könnte das Outfit einer Radlergruppe wohl kaum ausfallen. Flo trägt – löblich! – einen Helm, Jonas eine Schirmmütze, ich einen chinesischen Strohhut aus Papier, den ich im letzten Jahr bei einer Radtour in einem französischen Alpendorf erstanden habe. Während Flo sein weißes T-Shirt flattern lässt, trägt Jonas blaue Sportkleidung, ich wiederum bin mit meinem langärmeligen weißen Anzughemd und der langen Hose eher wie ein Städter gekleidet, habe aber dafür als Einziger Fahrradhandschuhe übergestreift. Auch unsere Fußbekleidung kontrastiert auffällig: Flo trägt Trekkingschuhe, Jonas Turnschuhe, ich braune Herrenschuhe. Ein seltsames Trio.

Wer rastet, der rostet! Auf geht's! Dem schönen Beuron müssen wir Adieu sagen. Wer möchte, kann sich im alten Bahnhof über den Naturpark Obere Donau informieren. Im »Haus der Natur« werden im Zeitraffer die erdgeschichtliche Entwicklung dieses besonderen Fleckchens Erde erzählt und seine kostbarsten Schätze vorgestellt. Sehenswert ist auch die historische Holzbrücke aus dem Jahre 1801, nur für Radler und Fußgänger.

Wissen Sie, wie der Schwabe den Tod bezeichnet? Er sagt schlicht und einfach »Übergängle« dazu. Für den Schwaben liegt das Jenseits nicht in fernen, himmlischen Regionen, für ihn sieht der Himmel genauso aus wie sein geliebtes Heimatland, nur dass man seinen Lieben nun vom anderen Ufer aus zuwinkt. Ein solches »Übergängle« wie das von Beuron ist jedem zu wünschen: Man schreitet, beschirmt von einem schützenden Holzdach, fröhlich über die Brücke auf die andere Seite.

Auch der nun folgende Wegabschnitt ist wieder von größtem Reiz. Wie schön können Täler sein, die frei geblieben sind von lärmigem Verkehr. Die Donau hat sich mühsam ihr Tal gegraben und der Mensch hat dieser Leistung Respekt gezollt. Lustig der Name eines steil aufragenden Felsens über uns: Knopfmacherfelsen. Weniger lustig ist allerdings die Geschichte, die erzählt, wie der Knopfmacherfelsen zu seinem Namen kam.

Am 4. April 1823 ritt der Knopfmacher Fidelis Martin von Tuttlingen zurück, wo er den Markt besucht hatte. Doch der Weg nach Beuron war weit und als der Reiter an Fridingen vorbeikam, brach die Nacht herein. Auf einem waldigen Wegstück stellte sich ihm plötzlich eine Frau in den Weg, das Hardtfräulein, und leitete ihn vom rechten Weg ab. Hoch und immer höher ging es bergan, bis zu dem hohen Felsvorsprung. Zwei Wochen lang blieb der ehrbare Knopfmacher vermisst, dann kam der Schäfer des Klosters Beuron mit seiner Herde am Fuß des Berges vorbei und machte eine schreckliche Entdeckung: Ross und Reiter waren in die Tiefe gestürzt und am Boden tödlich zerschellt.

Typisch für die Zeit der Romantik, hinter jedem verunglückten Mann ein böses Weib zu vermuten. Wie Heinrich Heine seinen Rheinschiffer zum Opfer dunkler weiblicher Magie werden ließ, (»… und das hat mit ihrem Singen die Lorelei getan«), so der schwäbische Volksmund den armen Knopfmacher. Dass der eine vielleicht nicht richtig navigieren konnte und sich

Oberes Donautal beim Kloster Beuron

der andere schlichtweg verritten hat, solche Erklärungen waren viel zu profan. Und nicht sehr schmeichelhaft für den männlichen Stolz. Also mussten falsche Frauen herhalten.

Kurz darauf gelangen wir zu einem Wehr. Zwei mutige Jungs sitzen darauf, mitten im Fluss, und haben ihre Angel ausgeworfen. Am Ufer erinnert ein Mahlstein an eine Mühle, die sich hier gedreht hat. Am 17. Oktober 1960 um drei Uhr in der Nacht kam es zu einem schlimmen Unglück. Ein gewaltiger Felsrutsch ging nieder und zermalmte das Mühlenhaus. Der Müller, seine Frau und ihr gemeinsamer Sohn kamen dabei ums Leben. Eine Tafel erinnert daran. Nur die kleine Tochter, die sechsjährige Ingeborg, gruben die Retter lebendig aus. Sie hatte unter einem massiven Schrank Schutz gefunden. Ob ihre Eltern sie noch in das Versteck gesetzt hatten? Den Vater hatte man angekleidet auf einer Bank sitzend gefunden. Das gesamte Mühlgebäude, ein 300 Jahre altes Haus mit achtzig Zentimeter dicken Steinmauern, wurde durch die Geröllmassen 15 Meter Richtung Donau geschoben. Unglaubliche Kräfte haben hier gewaltet.

Bei Fridingen eine Hinweistafel. Informiert wird über ein eigenartiges Phänomen, die Donauversinkung. An drei Stellen ist das Schwabenland nicht ganz dicht. Bei Immendingen, Tuttlingen-Möhringen und hier bei Fridingen verliert die Donau einen erheblichen Teil ihres Wassers durch unterirdische Abflüsse. Wie von Zauberhand verschwindet es und dringt durch unterirdische Spalten und Klüfte in die Tiefe. Wo aber taucht es wieder auf?

## Die Donauversinkungen

Früher hat man gerne von der Donauversickerung gesprochen und auch heute hört man die Bezeichnung noch hin und wieder, besonders an den schwäbischen Donauufern. Wasserexperten, sogenannte Hydrologen, und die Badener aber ziehen es vor, von einer Versinkung zu sprechen, weil das Wasser der Donau nicht etwa langsam in den Untergrund einsickert, sondern wie durch Gullis in unterirdische Hohlräume abfließt. Schuld ist das Juragestein, jener poröse Emmentaler, durch dessen Löcher, Spalten und Klüfte das Donauwasser zum Styx wird, zum Strom der badisch-schwäbischen Unterwelt.

Lange blieb unklar, was mit dem versunkenen Wasser eigentlich passiert. Das Rätsel wurde von Adolph Knop gelöst. Anfang Oktober 1877 schüttete der Geologe der Technischen Hochschule Karlsruhe zehn Kilogramm Natriumflurescein, satte zwanzig Tonnen Salz und 1200 Kilogramm Schieferöl in die Donau. Sechzig Stunden später stieg prachtvoll grünleuchtendes Salzwasser auf, nicht in einem späteren Donauabschnitt hinter den Versinkungsstellen, sondern südlich davon im Aachtopf.

Damit war der Beweis erbracht. Nicht nur, dass die Donau die Etage wechselt, unter der Erde wechselt sie auch die Fließrichtung. Über den Aachtopf, die Quelle mit der stärksten Schüttung Deutschlands, und die Aach fließt sie zum Bodensee und da-

Versickerung, Versinkung oder Verschwindung? Die Donau taucht ab

mit zum Rhein. Rhein und Donau, die beiden großen deutschen Flusssysteme, stehen in geheimer Verbindung. Die Wissenschaft spricht von einer Gewässerbifurkation. Die Donau schafft es, ihre Wasser sowohl zum Schwarzen Meer als auch zur Nordsee zu schicken. Zuverlässiger sogar zur Nordsee, nehmen die Tage doch zu, an denen sie völlig versickert – Verzeihung, versinkt natürlich! Erstmals vollständig trocken fiel die Donau im Jahr 1874, jedenfalls existiert über frühere Zeiten kein historischer Beleg. Zu Beginn des 20. Jahrhunderts wurden jährlich bereits achtzig Vollversinkungstage gezählt, nach dem Zweiten Weltkrieg schon durchschnittliche 270 Tage. Möglich, ja sehr wahrscheinlich ist die Donau selbst schuld an diesem Phänomen, wäscht sie doch den unterirdischen Kalkfelsen immer stärker aus. Irgendwann, so vermutet man, wird die Donau nur noch zum Aachtopf fließen. Man sollte sich mit der Donauradtour also beeilen.

Von Schiller gibt es unter der Überschrift »Rhein und Donau« eine hübsche Sentenz:

*Warum vereint man zwei Liebende nicht? Euch verhießen aus unserm Torus die Götter schon längst einen unsterblichen Sohn.*

Nun, der unsterbliche Sohn ist gefunden! Es ist der Aachtopf, die Verbindung zwischen Rhein und Donau. – Sie lassen den Aachtopf nicht gelten, weil der verbindende Wasserlauf einfach unterirdisch ist? In unseren modernen Zeiten gibt es auch eine Freilandverbindung, den Main-Donau-Kanal, über den Kreuzfahrer von Rotterdam via Rhein und Main und dann über die Donau bis zum Schwarzen Meer fahren können. Bereits Karl der Große hatte einen Graben schaufeln lassen, den König Ludwig I. von Bayern und später sein Amtsnachfolger Franz-Josef Strauß in Varianten schiffstauglich ausbauen ließen. »Europakanal« heißt die Verbindung auch treffend.

Wir blicken ein letztes Mal über den magischen Donauabschnitt, an dem es sonst gurgeln und schlürfen soll. »Schlucklöcher« nennt man die Stellen, an denen das Donauwasser verschwindet. Der Ausdruck gefällt uns, man könnte auch von Mündern der Erde sprechen. Die unterirdischen Hohlräume, die von den Donauwassern durchspült werden, sind erst zu einem winzigen Teil erforscht. Vom Aachtopf aus hat man gefährliche Unterwasserexpeditionen unternommen. Man vermutet neben den Verzweigungen, Klüften und Spalten dunkle Seen von gigantischem Ausmaß, kein unterirdisches Wassersystem auf unserem Planeten soll größer sein. Eine eigene, fremde Welt.

Die Donau schlägt nun einen rasanten Bogen. Den Kirchberg hinauf will sie nicht, so umkurvt sie ihn in einer engen Rechtskurve und wir mit ihr, dann sind wir in Fridingen.

## Fridingen

Ein wirklich malerisches Donaustädtchen, anmutig der Kirchplatz mit dem klassizistischen Rathaus und der Stadtpfarrkirche St. Martin. Im Ifflinger Schloss, einem burgartigen Wohnturm aus dem Anfang des 14. Jahrhunderts, ist das Museum Oberes Donautal eingerichtet. Ebenso zur Kulturgeschichte der Region gehört selbstverständlich die Fastnacht. Auch außerhalb der närrischen Zeit kann man sich in Fridingen an den fantasievollen Masken und Kleidern erfreuen. Oder sich fürchten. Je nach Naturell.

Wer nach dem Besuch noch Lust auf ein weiteres Museum hat, der besuche am Oberen Tor das Künstlerhaus »Scharf Eck«, ein stolzes Fachwerkhaus mit reichlich Blumenschmuck. Hans Bucher (1929–2002), ein Fridinger mit viel Herz für seine Heimatstadt, hat sein Donautal aus allen Perspektiven in expressionistisch-farbenfroher Weise gemalt.

Aus Fridingen soll auch die Familie von Joschka Fischer stammen, so jedenfalls hat es ein von ihm höchstpersönlich beauftragter Ahnenforscher herausgefunden. Warum hat sich unser ehemaliger Außenminister für seine Ahnen interessiert? Nicht ganz frei von Eitelkeit, trug er außer den legendären

Hans Bucher (1929–2002): Hochsommer im Donautal 1976

Turnschuhen gerne einen klotzigen Siegelring. Allerdings fehlte dem Ring das Siegel, weshalb man den grünen Spitzenpolitiker aufzog. In Adelskreisen werde ein solcher Ring spöttisch »kalte Platte« genannt, frotzelte man. Das verdross Joschka Fischer und er verfiel auf die Idee, sich ein Familienwappen zuzulegen.

Diese Aktion allerdings sollte den Spott noch vermehren, enthielt das frisch gestaltete Wappen neben einem Fisch noch zwei martialische Metzgerbeile, welche auf die Familientradition anspielen sollten, waren die Fischer doch seit Generationen eher Fleischer. Farbgebung und Teilung des Wappens orientierten sich am Wappen von Fridingen, und auch das sollte für Erheiterung sorgen. Nachforschungen ergaben nämlich, dass die Fischer mit ziemlicher Sicherheit aus dem Ort Friedingen bei Langenenslingen stammten und nicht aus Fridingen an der Donau.

Wir beschließen, aus Joschka Fischers Erfahrungen schlau zu werden und unsere eigenen Wappenpläne auf Eis zu legen. Was kann man dabei nicht alles verkehrt machen! Es sei denn, wir entschieden uns dafür, ein Fettnäpfchen ins Wappen zu nehmen, denn damit liegt man wohl immer richtig.

Vom Ortskern Fridingens machen wir einen kleinen Abstecher zum Bahnhof, soll sich in Fridingen doch noch eines der immer seltener werdenden mechanischen Stellwerke befinden. Flo kennt sich aus, Eisenbahnen sind sein Hobby. Das Stellwerk ist im Bahnhofsgebäude untergebracht. Durch eine Glasscheibe erkennen wir eine Reihe von langen Hebeln, mit denen man Signale und Weichen stellen kann. Auch den Stellwerksleiter können wir erkennen. Er telefoniert jedoch gerade mit einem altertümlichen Festnetzapparat, und weil das Gespräch dauert und dauert und kein Ende zu erkennen ist, machen wir uns schließlich wieder auf den Weg. Schade, wir hätten gerne Näheres erfahren.

Zwei Kilometer hinter Fridingen liegt rechts auf einer Anhöhe die Kolbinger Höhle. Sie ist auch unter dem Namen Stephanshöhle bekannt. Stephan war ein windiger Geselle, der im 19. Jahrhundert sein Unwesen trieb. Nichts war vor seinen langen Fingern sicher. Für sein Diebesgut hatte er ein besonderes Versteck gefunden: Durch einen verborgenen Einstieg pflegte er in eine der größten und schönsten Tropfsteinhöhlen der Schwäbischen Alb zu schlüpfen. An die 330 Meter ist die Kolbinger Höhle lang, knappe 100 Meter sind als Schauhöhle zu besichtigen. Das Diebesgut ist allerdings schon lange sichergestellt.

Auf dem Höhenrücken zwischen Fridingen und Mühlheim ruhte an einem heißen Sommertag des Jahres 1649 ein Pfarrer im Schatten einer Eiche aus. Sein Blick fiel auf die Rinde, die ihm an einer Stelle merkwürdig glatt erschien. Da kam ihm der Gedanke, diesen Ort der Jungfrau Maria zu weihen und ein Gnadenbild zu stiften. Der Anfang der Wallfahrt zu Maria Hilf war gemacht, im September 1661 wurde die erste Kirche eingeweiht. Mehrere Zehntausend Pilger sollten sich in den folgenden Jahren auf den Weg machen, den Ort zu besuchen; viele von ihnen trugen eine Herzensangelegenheit mit sich, für die sie um Hilfe baten.

## Mühlheim

Wenige Kilometer später grüßt ein Städtchen von einer hohen Klippe. Bereits im Jahr 799 wurde Mühlheim in einer Urkunde des Klosters Reichenau erwähnt, das Stadtrecht bekam der Ort um 1300 verliehen. Wie Schwalbennester kleben die Häuser über der Donau am Felsen – hübsches Fachwerk überall, die Gassen schmal und verwinkelt, zwei Schlösser, eine romantische Kirchenruine zur Abhaltung von Open-Air-Gottesdiensten, prächtig das weiß-rote Rathaus mit seinen vorspringenden Stockwerken und dem lustigen Dachreiter. In der offenen Säulenhalle kann man noch ein romanisches Kapitell bewundern, es muss aus der Gründungszeit der Stadt stammen. Und Blumen, überall Blumen vor den Fenstern. Alles wirkt so licht und leicht, dass man sich nicht vorstellen will, welches Unglück sich hier ereignet hat.

### Der Tod von Papa Kretschmann

November 1969, tiefe Nacht. Zwei Lehrer kommen von einer Feier zurück. Der Fahrer hat kräftig gebechert, eiert gefährlich über die Straßen, sein Beifahrer, der Kollege Kretschmann, muss immer wieder helfend ins Steuer greifen. Als sie den Fuß des Mühlheimer Berges erreichen, bittet Kretschmann darum, anzuhalten und ihn beim *Schützen* aussteigen zu lassen, doch der Fahrer sagt, das komme überhaupt nicht infrage, selbstverständlich bringe er ihn noch bis vor die Haustür.

Dann biegt er ab und braust die Serpentinen hinauf. Hinter der ersten Spitzkehre verliert er die Kontrolle über seinen Wagen, das Auto schießt auf ein Holzgeländer zu, zerbricht es und stürzt in den Abgrund, sieben Meter tief. Der Knall schreckt die Mühlheimer aus dem Schlaf. Helfer eilen herbei, schwer verletzt zieht man Kretschmann aus dem Wrack, wenige Tage später erliegt der Lehrer im Krankenhaus seinen Verletzungen.

Tiefe Verletzungen hat auch die Familie erlitten. Sohn Winfried, den sein Vater oft Winnetou genannt hat, ist mit 21 Jahren Halbwaise. Sein fest im Glauben verwurzelter Vater hatte hohe Ansprüche an ihn gehabt, Pfarrer sollte sein Sohn werden, das war des Vaters großer Wunsch. Winfried Kretschmann entschied sich anders und wurde Politiker, Landesvater von Baden-Württemberg, der erste grüne Ministerpräsident eines Flächenlandes.

Schon an anderen Orten unserer Donaureise hätten wir Grund gehabt, über Winfried Kretschmann zu schreiben. In Sonderbuch, einem Dorf bei Zwiefalten, lebte die Familie seit 1954 – Winfried war gerade sechs Jahre alt – im oberen Stockwerk der Schule, in welcher der Vater unterrichtete. Zur Erntezeit musste die Dorfjugend auf den steinigen Äckern helfen, dann fiel der Unterricht aus.

Nach der Grundschulzeit besuchte Winfried Kretschmann in Riedlingen das katholische Internat, bevor er sein Abitur am Hohenzollern-Gymnasium in Sigmaringen machte, zwei Städte, die bereits auf unserem Weg lagen. Als echter Donaubub ist der ehemalige Ministrant seiner Heimat treu geblieben. Zusammen mit seiner Frau Gerlinde wohnt der Vater von drei Kindern in Laiz, einem Stadtteil von Sigmaringen, der an den Park von Inzigkofen angrenzt.

In Mühlheim kann man, wenn man Glück hat, einen tiefen Blick in die Erdgeschichte werfen. Der Schwäbische Albverein machte im Jahr 1912 eine Tropfsteinhöhle zugänglich, die Mühlheimer Felsenhöhle. Zu ihr gelangt man, indem man in der Altstadt hinter dem Friedhof aufsteigt; etwa zwanzig Minuten später hat man die Felsenhöhle erreicht. An der Höhle wurden keine größeren baulichen Maßnahmen vorgenommen, was einen Vorteil und einen Nachteil hat. Der Vorteil ist, man kann sie noch im weitgehend naturbelassenen Zustand bewundern, der Nachteil ist, außer an Christi Himmelfahrt kann man die Höhle nur im Rahmen einer Gruppenführung betreten.

Der Eingang ist wegen der Gefahr des Vandalismus verschlossen, ganzjährig geöffnet ist sie nur für nächtliche Flattertiere.

Zahlreiche Fledermausarten fühlen sich hier wohl. Zum Verhalten der Fledermäuse merkte einmal eine Dame kritisch an, ihr gefalle das Paarungsverhalten der Männchen nicht, die sich über die schlafenden Weibchen hermachten, oft mehrere bei derselben Partnerin. Wo bleibe das sexuelle Selbstbestimmungsrecht? Der Kritik lässt sich entgegenhalten, dass die Weibchen als Revanche erst nach Beendigung ihres Winterschlafes einer der eingelagerten Samenzellen gestatten, ein Ei zu befruchten. So holen sich die Weibchen einen Teil ihrer Selbstbestimmung zurück.

Über den Baumwipfeln des Bergsporns Nußbühl ragt ein Schloss empor. Das helle Gemäuer sieht aus wie eine Schnecke, die ihr Gehäuse hinter sich herzieht. Das machen die beiden Türme an der Schmalseite, ihre gezwiebelten Türme sind die Fühler. Schloss Mühlheim hat etwas mit der Mühlheimer Felsenhöhle gemein: Normalerweise ist es nicht zu besichtigen. Der Grund ist jedoch weniger die Angst vor Vandalismus als vielmehr die Tatsache, dass es noch bewohnt wird. Bis heute ist es im Besitz der Herren von Enzberg, eines alten schwäbischen Adelsgeschlechts.

Seit Urzeiten haben die Enzberger auf ein besonderes Geschäftsmodell gesetzt: Sie waren scharf auf die Vogtei eines Klosters. Infrage kamen natürlich nur Klöster, die sich lohnten. 1236 wird ein Heinrich von Enzberg als Schirmvogt von Kloster Maulbronn erwähnt, der bedeutenden schwäbischen Abtei, die heute Weltkulturerbe ist. Besonders beliebt scheinen die Enzberger Vögte in Maulbronn nicht gewesen sein, ständig stellten sie neue Forderungen. Es kam zu Rechtsstreitigkeiten, ja zu gewaltsamen Übergriffen der Enzberger auf das Kloster. Ein Schirmherr, der den Schirm zusammenklappt und auf seine zu schirmenden Schützlinge eindrischt? Das geht gar nicht! Und so wurde ein Landfriedensheer unter der Führung von Pfalzgraf Ruprecht bei Rhein losgeschickt, es den frechen Enzbergern zu zeigen. Diese verteidigten sich mit Hilfe befreundeter Ritter, ihre Stammburg an der Enz aber wurde komplett zerstört.

Sei es, dass der Wiederaufbau nicht lohnte, sei es, dass es ihnen an der Donau besser gefiel: 1409 erkoren die Enzberger die

Herrschaft Mühlheim zu ihrem neuen Stammsitz. Und wieder sahen sie sich nach einem Kloster um, mit dem sich Geld verdienen ließ, und ihr Auge fiel auf Beuron. Auch das neue Kloster aber schien mit der Herrschaft nicht zufrieden gewesen zu sein und versuchte, die Enzberger loszuwerden. Wenn man nur reichsunmittelbar würde, dann müsse man sich nur noch vom Kaiser etwas sagen lassen!

Dieses Vorhaben aber erwies sich als äußerst schwierig und wurde wohl erst gegen Ende des 18. Jahrhunderts von Erfolg gekrönt. Wovon nur mögen die Enzberger heute leben, wo sich mit Klöstern nichts mehr verdienen lässt?

Weiter geht's. Auf der südlichen Donauseite grüßt ein nettes Städtchen, Nendingen. Schnell schießen wir ein Foto, haben wir doch eine gute Freundin, die in Nendingen viele Jahr Religion unterrichtet hat und nun in Erlangen lebt. Ein kleiner Gruß aus der alten Heimat. Jonas' Handy schießt Bilder, die

Eine Kapelle in der Nähe von Tuttlingen und Nendingen

mit einer elektronischen Briefmarke versehen sind. Während er eine Stadt oder eine Landschaft fotografiert, nimmt eine zweite Kamera ein Selfie auf und setzt es auf die Briefmarke. Eine personifizierte Ansichtskarte, die Technik macht's möglich.

## Tuttlingen

Eine Viertelstunde später erreichen wir Tuttlingen – mit über 30.000 Einwohnern eine der größten Städte an der jungen Donau. Auf dem Honberg, den früher einmal eine Burg krönte, erheben sich noch die markanten Türme über der Stadt. Eberhard im Bart hatte hier einst die Grenze seines Fürstentums durch eine Festung gesichert; manche Herrscher hat die junge Donau erlebt, Eberhard im Bart ist ein ganz besonderer gewesen.

### Eberhard im Bart

Was macht einen großen Herrscher aus? Seine Machtfülle? Die Schätze seines Landes? Seine militärische Stärke? Als die mittelalterlichen Fürsten 1495 auf dem Reichstag zu Worms zusammensaßen, versuchten sie sich – so die Sage – gegenseitig zu übertrumpfen. Ein jeder lobte sich und die Reichtümer seines Landes, bis nur noch Eberhard übrigblieb, der Herrscher über das arme Württemberg.

*Eberhard, der mit dem Barte,*
*Württembergs geliebter Herr,*
*Sprach: »Mein Land hat kleine Städte,*
*Trägt nicht Berge silberschwer;*

*Doch ein Kleinod hält's verborgen:*
*Daß in Wäldern, noch so groß,*
*Ich mein Haupt kann kühnlich legen*
*Jedem Untertan in Schoß.*

Darauf verstummte die Angeberei im fürstlichen Kreis. Welcher Herrscher konnte das von sich behaupten, dass ihm keines seiner Landeskinder auch nur ein Haar krümmen würde? Auch heute hätten viele Potentaten wohl ein Problem damit, ihren Kopf ungeschützt in den Schoß eines jeden Bürgers zu legen. Für die Wormser Runde jedenfalls stand fest: Eberhard war der Reichste unter ihnen.

»Im Barte«, die Bezeichnung kommt nicht von ungefähr: Sein Bart muss so mächtig gewesen sein, dass er das Gesicht fast völlig verschwinden ließ. Eberhard, 1445 in Urach geboren, vereinigte das geteilte Württemberg wieder und erwarb auch durch die Gründung der Tübinger Universität großen Ruhm. Das Gedicht »Preisend mit viel schönen Reden« von Justinus Kerner, aus dem die Strophen zitiert sind, ist zur Württemberger Hymne aufgestiegen.

Wir rollen am Ufer in die Stadt hinein. An einer der Stadtbrücken ein langes Transparent: »Tuttlingen ohne Donau ist wie Spätzle ohne Soß – Das Wehr muss bleiben.« Wir nicken zustimmend. Wehret den Anfängen! Spätzle ohne Soß, kann man sich etwas Schlimmeres denken? In Schwaben? Höchstens Maul ohne Täschle. Oder Bau ohne sparen. Spätzle ohne Soß! Brrr … Obwohl, jetzt ist uns weder nach Spätzle noch nach Soß. Die Hitze hat noch zugenommen, ein Eis wäre jetzt das Richtige, meinetwegen auch ein Spaghettieis. Ein junger Mann weist uns den Weg zur Innenstadt. Dort angekommen, erkundigen wir uns nach der besten Eisdiele der Stadt und erfahren, dass es in Tuttlingen mehrere beste Eisdielen gibt. Umso besser! Dann nehmen wir doch die nächstgelegene. Diese befindet sich gleich ums Eck, hinter einem Bauzaun, der die Arbeiten zur Neugestaltung eines zentralen Platzes schützt. Die Eisbecher kommen gewaltig wie Eisbrecher daher. Genüsslich löffeln wir uns durch die Köstlichkeiten. Schön, dass es diese silbernen, spatenförmigen Eislöffel noch gibt, die den Eisgenuss vollenden.

## Kannitverstan

Der vielleicht berühmteste Tuttlinger war ein armer Geselle, dem Johann Peter Hebel ein literarisches Denkmal setzte. In seinem *Schatzkästlein eines rheinischen Hausfreunds* lässt er ihn bis nach Amsterdam wandern. Wie staunt der arme Tuttlinger über den Reichtum dort! Als er an einer reichen Stadtvilla steht, fragt er einen vorbeikommenden Holländer, wem denn dieses Schloss gehöre. »Kannitverstan«, antwortet der Holländer und eilt vorüber. »Kannitverstan!«, murmelt der Tuttlinger. Wie ungerecht ist doch die Welt! Er hat nur einen Groschen in der Tasche und dieser Kannitverstan badet in Geld. Als er den Hafen erreicht, erblickt er ein prächtiges Schiff, das gerade entladen wird. Was für Herrlichkeiten kommen da zum Vorschein, alle Schätze Ostindiens! Atemlos fragt er einen Holländer, der gerade eine Kiste an Land trägt, wem denn dieses Schiff gehöre. »Kannitverstan«, lautet die Antwort. »Klar«, denkt sich der arme Geselle, »wem so eine Villa gehört, der hat auch solch fantastische Schiffe. Wie ungerecht geht es doch auf der Welt zu.«
Da kommt ihm auf dem Weg in die Stadt ein eindrucksvoller Leichenzug entgegen. Vier schwarzvermummte Pferde ziehen die Kutsche mit dem Sarg, lang ist der Zug der Trauernden, dem sich der Tuttlinger anschließt. »Wer ist denn da gestorben?«, fragt er einen Holländer, »Kannitverstan«, antwortet dieser. Da hellt sich die Miene des Tuttlingers auf und über sein Gesicht gleitet ein Lächeln. So schlecht ist die Welt nun doch wieder nicht! Zwar besaß dieser Kannitverstan alle Schätze der Welt, was aber haben sie ihm geholfen? Nun ist er tot und alles aus und vorbei. Er aber, der arme Donaubursche, besitzt zwar nur einen Groschen, dafür aber sein junges Leben. Und was kann es Großartigeres geben?

Als die Becher ausgekratzt sind, wird die Landkarte hervorgekramt. Wie weit schaffen wir es heute noch? Was sagen unsere Waden? Ein Stündchen dürfte noch drin sein, dann müssten wir in Kirchen-Hausen bei Geisingen landen. Ich zücke das Handy und rufe in einem der beiden Hotels an, die bei Google-Maps aufleuchten. Nach längerem Läuten ist eine zerbrechliche Frauenstimme zu hören. »Ja? – Ja, ja, Zimmer habe ich noch, aber es gibt bei uns kein Frühstück.« – Kein Frühstück? Für Radler eine Katastrophe. Die ältere Dame weiß Rat: »Sie können aber bei der Shell-Tankstelle frühstücken.«

Ich übermittle die Botschaft meinen jungen Kameraden. Die beiden schauen nicht sehr begeistert. »Bei der Shell-Tankstelle oder auch bei dem anderen Hotel am Ort«, bekomme ich nun vorgeschlagen. Ich stutze, sage, ich rufe später zurück. – Übernachten dort, frühstücken aber in einer anderen Herberge? Übernachten wir doch gleich in dem anderen Hotel! Wir haben Glück, zwei Zimmer sind noch frei. Da schlagen wir fröhlich zu, zumal auf der Homepage ein Hallenbad zu sehen ist. Was gibt es Feineres, als sich nach einem heißen Radlertag zischend ins Wasser fallen zu lassen?

Doch noch ist es nicht so weit, noch wollen wir uns Tuttlingen ansehen. Wiki empfiehlt den Besuch der Jugendstilkirche. Von den drei netten Seniorinnen am Nachbartisch erfahren wir, dass sich das Gotteshaus gleich um die Ecke befindet. Also nichts wie hin. Wir wischen uns die Eisreste aus den Mundwinkeln und ziehen los.

Die Fassade ist schlicht. Klassizistische Elemente, streng geordnet, mit wenig Figurenschmuck. Ich rüttle an der Tür. Verschlossen. Ich gehe um die Kirche herum, rüttle an der Seitentür, ebenfalls verschlossen. Ärger steigt auf. Gott kann nicht hinaus und der Mensch kann nicht hinein, wie soll da der göttliche Funke überspringen? Nun, zumindest kann man sich an ein paar hübschen Details erfreuen, etwa an dem floralen Ornament der steinernen Türumrahmung. Sind es Ähren oder sind es Zapfen? Halbprofiliert aus warmem Sandstein geschlagen, umschlingen sich Blatt und Wurzelwerk in verspielter Weise, zärtlich mit rötlicher Farbe betupft.

Tuttlinger Stadtkirche: schönster Jugendstil

Auch die marineblauen Beschläge der Türen haben ihren Reiz. Ein stilisiertes Rad verbindet sich mit der Rundung um das Schlüsselloch, die Klinke ist schlank und elegant. Als Beschläge finden sich fünfblättrige Blumen. Einfach, aber geschmackvoll. Eine profilierte Messingtafel erzählt, bei der Stadtkirche handle es sich um die Nachfolgerin der beim Stadtbrand 1803 zerstörten Peter-und-Paul-Kirche. Interessantes Detail am Rande: Zunächst hatte eindeutig das Wort »Nachfolger« auf der Tafel gestanden, die feminine Endung muss man nachträglich eingefügt haben. Gut so! Eine Kirche ist eindeutig weiblich, das hat nichts mit Verbalfeminismus zu tun.

## Der Tuttlinger Stadtbrand

Er gilt, die Zerstörungen im Zweiten Weltkrieg ausgenommen, als die größte Katastrophe, die einer Württemberger Stadt je passiert ist: der Tuttlinger Stadtbrand vom 1. November 1803. Innerhalb eines Tages wurde die gesamte Innenstadt ein Raub der Flammen. Manche sagen, Tuttlingen habe noch Glück gehabt, weil das Feuer am helllichten Tage und nicht in der Nacht ausgebrochen sei, als alles in den Betten lag. So hat es nur zwei Tote gegeben, die 60-jährige Witwe des Strumpfstrickers Schramm aus der Kirchgasse, die noch einmal in ihr brennendes Haus gelaufen war, vermutlich, um etwas zu retten, und der 82-jährige Bauer Adam Hilzinger, der, allein daheim geblieben, zu gebrechlich war, um vor den Flammen zu flüchten.

Verschiedene Vermutungen gibt es, wie es zu dem Brand hatte kommen können. Der Kaufmann Johann Tobias Luithlen habe ein Schwein geschlachtet, beim Schmalzaussieden sei dann das Feuer ausgebrochen, sagen die einen, andere, ein Knecht aus der Nachbarschaft habe das Feuer absichtlich gelegt, auf dem Totenbett habe er die Tat gestanden.

Die offizielle Untersuchung durch den Oberamtmann kam zu einem anderen Schluss. Demnach sei ein kleiner Anbau außerhalb der Stadtmauer aus unbekannten Gründen in Brand geraten, das

Feuer habe sich dann, angetrieben von einem heftigen Nordost, rasend schnell durch die Stadt gefressen. Nach dem Ausbruch explodierte ein größerer Pulvervorrat auf dem Speicher eines benachbarten Hauses, das Dach wurde weggesprengt, Zeugen behaupten, die Ziegel seien bis zur Donaubrücke geflogen. Ein enormer Funkenflug stob gen Himmel. Bald war die ganze Stadt auf den Beinen, teils, um zu löschen, teils, um aus den Häusern zu retten, was zu retten war. So gewaltig war das Feuer, dass ein Wald ebenfalls in Brand geriet, eine Dreiviertelstunde vor der Stadt.

Das ausbrechende Chaos kann man sich denken. Viele flüchteten vor der Hitze aus der Stadt, andere drängten hinein, um aus den Häusern die letzten Habseligkeiten zu holen; Rettungsmannschaften aus den umliegenden Dörfern eilten herbei, beteiligten sich jedoch auch an Plündereien. Nur zwei Gebäude der Kernstadt blieben stehen, der solide gebaute herzogliche Fruchtkasten und ein kleiner Eckturm am Dekanatshaus. Von 3547 Einwohner hatten 2197 ihre Wohnstätte verloren, und das vor Ausbruch des Winters.

An eine Rekonstruktion der mittelalterlichen Stadt war nicht zu denken. So entstand eine moderne Planstadt mit der stolzen Jugendstilkirche als neuem Zentrum. Um die Stadthäuser besser vor einem Brand zu schützen, entschloss man sich, ihnen eine spezielle Dachform zu geben, ein Walmdach, das unten mit einer Art Krempe versehen ist: der »Tuttlinger Hut«.

Wir werfen einen letzten Blick zur Kirche hinauf. Den Turm hat die evangelische Gemeinde im Jahr 1868 auf 68 Meter erhöht, um den Turm einer neuen katholischen Kirche zu überragen. Symbolpolitik durch die Höhe von Kirchentürmen, lange her.

Es ist Zeit, Tuttlingen Adieu zu sagen und weiter die Donau entlangzuradeln.

In den Auen ist eine Kirmes aufgebaut, bunte Fahrgeschäfte buhlen um Kunden, darunter eine Geisterbahn, deren zerzaustes Dachgespenst eher Mitleid erweckt als Gruseln. In vorsichtiger Fahrt geht es an zuckerwatteschleckenden Familien vorbei, bis wir endlich wieder satt in die Pedale treten können.

Im Weichbild Tuttlingens sind uns zahlreiche Firmengebäude aufgefallen. Eine Vielzahl von ihnen – man spricht von 400 Unternehmen – produziert Handwerkszeug für Ärzte, weshalb sich Tuttlingen stolz »Welthauptstadt der Medizintechnik« nennt. Wir leben in einer Zeit der Superlative.

## Karl Storz' Endoskope

Ein Beispiel für die Tuttlinger Kunst, zum Segen der Medizin beizutragen, sind die Endoskope von Karl Storz. Wie mühsam war es, einen Blick in das Innere eines lebenden Menschen zu werfen! Die erste Magenspiegelung der Geschichte musste an einem Schwertschlucker durchgeführt werden, ein anderer hätte es nicht ausgehalten, ein starres Rohr durch Mund und Hals geschoben zu bekommen. Biegsame Schläuche brachten dem Patienten deutliche Vorteile, schwierig aber blieb die Kunst der Beleuchtung, entwickelten doch konventionelle Lichtquellen zugleich enorm viel Hitze.

Karl Storz aus Tuttlingen gelang es, das Licht von der Wärme zu scheiden – Kaltlichtquelle nannte sich die Erfindung. Das bereits 1945 gegründete Familienunternehmen produziert nicht nur für die Humanmedizin, auch Tierärzte sind glücklich, spezielle Instrumente zu haben, außerdem die Industrie, denn dort gibt es ebenfalls Hohlräume, die ausgeleuchtet werden müssen.

Hinter Tuttlingen passieren wir die imaginäre Grenze zwischen Schwaben und Baden. Die polyglotte Donau war früher noch wesentlich internationaler. Hätten wir uns im Jahr 1810 auf die Reise begeben, hätten wir auf der Fahrt von Ulm die Donau hinauf an folgenden Zollstationen unsere Ortliebtaschen auspacken müssen: zwischen Württemberg und Hohenzollern-Sigmaringen, zwischen Hohenzollern-Sigmaringen und Baden, zwischen Baden und Hohenzollern-Sigmaringen, zwischen Hohenzollern-Sigmaringen und Württemberg und zuletzt wieder zwischen Württemberg und Baden. Uff …wie lange hätte damals wohl unsere Reise gedauert?

### Baden oder Württemberg?

Die Zeiten sind zum Glück lange vorbei, in denen man sich die Köpfe hitzig geredet, wenn nicht gleich eingeschlagen hat. Als man nach dem Zweiten Weltkrieg an die Neuordnung Deutschlands schritt, verlangten viele Badener selbstverständlich ein eigenes Bundesland. Mit den ungeliebten Württemberger Schwaben in einem Land vereinigt zu werden, verursachte bei vielen Badenern Bauchschmerzen, zu krass empfanden viele die Mentalitätsunterschiede. Auch hatte die lange getrennte Geschichte ein eigenes Selbstbewusstsein mit eigener Identität gefördert.
Mit allen rechtlichen Mitteln versuchten die Badener, die Zwangsvereinigung wieder rückgängig zu machen, jedoch vergebens. Bei der letzten Volksabstimmung im Jahr 1970 hatten sich viele Badener bereits an das neue Bundesland gewöhnt – zu viele, sodass Baden-Württemberg Baden-Württemberg blieb. Eine Mehrheit für die Abspaltung hatte sich lediglich in den badischen Kernlanden in und um das Breisgau gefunden. Die nördlichen, erst später zu Baden gekommenen Gebiete wie Teile Frankens und der Kurpfalz votierten mehrheitlich für die Fusion. Heute sind die alten Animositäten nur noch Stoff für liebevolle Witze. Kennen Sie den? Was ist das Einzige, das Baden mit Württemberg verbindet? Der Bindestrich, ganz klar!

## Möhringen

Im badischen Möhringen, einem bereits 882 urkundlich erwähnten Donauort, betrachten wir ein kleines Bächlein, das unter der Straße hindurch zur Donau fließt. So unscheinbar der Krähenbach ist, in gar nicht ferner Zeit werden vielleicht Tausende zu seiner Quelle pilgern. Wenn die obere Donau völlig versickert, wird man eine neue Donauquelle bestimmen müssen und es steigen die Chancen des Möhringer Krähenbaches. In diesem Fall heißt es nicht länger »Brigach und Breg bringen die Donau zu Weg«, dann muss man dichten: »Erst der schöne Krähenbach macht die Donau richtig wach.«

Möhringen besitzt bereits seit 1308 das Stadtrecht, jedoch konnten die Möhringer zu ihrem Kummer lange kein Wappen vorzeigen, und was ist eine rechte Stadt ohne Stadtwappen? Kaiser Friedrich III. hatte Mitleid und stellte den Möhringern 1470 den langersehnten Wappenbrief aus. Der Brief ist erhalten, auf dem Wappen ist ein Mohr zu sehen. Damit aber schienen die Möhringer nicht ganz zufrieden gewesen zu sein. Sie machten kurzerhand eine Mohrin daraus. Nicht nur im Stadtwappen, sondern auch auf dem Marktplatz ist die *Möhrin* heute zu bewundern, barbusig und mit den Attributen einer afrikanischen Jägerin versehen, ihr goldenes Diadem blitzt lustig in der Sonne. Wie lange man sie noch dort belässt? Den Mohrenapotheken

Urtümliche Auenlandschaft entsteht aufs Neue

geht es ja auch an den Kragen. Ob zu Recht oder zu Unrecht, darüber lässt sich trefflich streiten.

Hinter Möhringen geht es hinein in eine urtümlich erscheinende Auenlandschaft, die im Abendlicht warm erstrahlt. Ein Hinweisschild in Form eines Puzzlestücks erklärt uns den Grund für das Naturparadies: »Renaturierung Nägelesee«. Um den Kies abzubauen, hatte man die Donau in diesem Abschnitt einst begradigt. Durch die Kiesgruben und das immer tiefere Flussbett aber sank das Grundwasser, viele Pflanzen verschwanden und mit ihnen die Tiere.

1994 setzten sich die schwäbischen Tuttlinger und badischen Möhringer zusammen und beschlossen ein Projekt, welches das Land Baden-Württemberg im Rahmen eines ökologischen Gesamtprojekts förderte. Unbebaute Uferbereiche wurden naturnah umgestaltet, zugleich wurde der Hochwasserschutz verbessert. Zwei Fliegen mit einer Klappe. Zu schnell fließende

Die junge Donau: wild and furious

Gewässer können bei heftigen Niederschlägen zerstörerisch werden; gibt man den Flüssen wieder Raum, verlangsamt man ihre Fluten. So schützt man Mensch und Umwelt zugleich.

IDP nannte Baden-Württemberg das Projekt, Integriertes Donau-Programm. Vernünftig. Und schön anzusehen. Unberührt von menschlichen Eingriffen darf sich die Natur hier wieder entfalten, selbst der Feuersalamander ist zurückgekehrt. Ob auch das Donauwasser an Qualität gewonnen hat?

## Der Gütezustand der Donau

Die Donau hatte es nicht immer leicht, besonders als es in Deutschland wirtschaftswunderte. Bis tief in die 1970er-Jahre hinein leiteten Industrie und Haushalte ihr Abwasser fröhlich in die Donau und ihre Zuflüsse. Die Wasserqualität, die man analog zu Schulnoten in sechs Kategorien einteilt, fiel mit einer 5 oder gar einer 6 oft durch. Vielen Tierarten gefiel die starke bis übermäßige Verschmutzung überhaupt nicht, besonders die sauerstoffliebenden Fische streckten ihre Flossen. Krebse, Strudelwürmer oder Hakenkäfer hatten gleichfalls keine Überlebenschance.

Alarmiert von Anglern und Umweltschützern, begann das große Umdenken. Man investierte in Filter und Kläranlagen, verfeinerte die Verfahren und mühte sich, nur noch wenig belastetes Abwasser einzuleiten. Der Aufwand hat sich gelohnt. Heute verteilen die Wasserprüfer meistens klaglos die Note 2, nur noch selten ist eine 3 dabei. Und ganz oben, an der Quelle der Breg vor allem, glänzt sogar die 1. Dort fühlt sich selbst die empfindliche Bachforelle wohl und auch die Steinfliegenlarve, die nur das klarste Wasser akzeptiert.

Einen Wermutstropfen gibt es dennoch. Obwohl das Donauwasser so viel sauberer geworden ist, haben sich die Fischbestände immer noch nicht erholt, jedenfalls ist das für den Flussabschnitt zwischen Ulm und Sigmaringen nachgewiesen. Als Gründe vermutet man die zum Teil weiterhin hohe ökotoxikologische Belastung, zum Beispiel durch polycyclische aromatische Kohlenwasserstoffe, welche die Leberschäden der Barben aus Ehingen und Rottenacker erklären könnten. Es gibt also weiter viel zu tun, bis die ganze junge Donau mit der Note 1 glänzen kann.

Will man sich selbst von der Wasserqualität der Donau überzeugen, hier ein einfacher Test: Man fische sich ein paar Steine aus dem Flussbett. Ist deren Unterseite schwarz, besteht ein Sauerstoffmangel, das langt nicht für Note 2. Natürlich könnte man von Luxusproblemen sprechen, wenn man sich das Donauwasser in den Balkanstaaten anschaut. Auch dort bemüht man sich zwar deutlich mehr, dennoch kann vor einem Bad nur gewarnt werden.

Kurz vor Immendingen wieder eine Hinweistafel: Die nächste Donauversinkungsstelle ist erreicht. Das müssen wir uns ansehen. Wir nehmen den kurzen Stichweg zum Ufer. Ein Radfahrpärchen, dialektmäßig aus dem hohen Norden, steht schon mit suchendem Blick dort. Unbeeindruckt von den Hinweistafeln gleitet die Donau über die Versinkung hinweg. Keine nennenswerte Verringerung ihrer Strömung ist zu erkennen, nicht mal der kleinste Strudel deutet die verborgenen Klüfte an. »Dennoch verschwindet hier ein Großteil der Donau, um im Blautopf wiederaufzutauchen«, erklärt uns der hagere Hanseate.

Von dieser Bemerkung gereizt, mischt sich ein weiterer Mann ins Gespräch, den wir erst jetzt bemerken. Er scheint mit seinem Rad hinter uns hergerollt zu sein. Sein zotteliges Äußeres und sein wild bepackter Gepäckträger lassen vermuten, dass er sich überwiegend in der freien Natur aufhält. Er korrigiert den Hanseaten und tut's in scharfem Ton. Nicht in den Blautopf, sondern in den Aachtopf werde das Donauwasser geleitet. Weniger die Belehrung an sich als vielmehr die Art und Weise, wie der Naturbursche ihn korrigiert, ärgert den Hanseaten. Es kommt zum Disput.

Jonas löst die sich zuspitzende Diskussion mit dem Hinweis, wir hätten doch mit Flo einen Experten dabei, einen studierten Geologen. Flos Kurzreferat aber entspannt die Situation nur kurzfristig. Der Naturbursche schüttelt verärgert den Kopf, obwohl er sich doch durch Flos Ausführungen bestätigt füh-

Donauversinkung bei Immendingen

len müsste. Über was für einen Unsinn wir hier nur streiten würden, das alles sei doch völlig unwichtig, genauso unwichtig wie die Frage, ob es Versinkung oder Versickerung heißen müsse, wichtig allein sei nur eines – bei diesen Worten deutet der Naturbursche zu den Hügeln südlich der Donau. »Dort drüben bauen die Zollern mit den Bourbonen ein großes Konzentrationslager und niemand interessiert's«, schimpft er und schwingt sich auf sein Rad. »Versinkung oder Versickerung, lächerlich!«, hören wir ihn noch rufen, dann ist er verschwunden.

Wir zucken die Schultern. Ein merkwürdiger Zeitgenosse, offensichtlich lebt er in seiner eigenen, fremden Welt. Fremd für uns, nicht für ihn, natürlich. Dumm wirkte er nicht, aber doch sehr verschroben. Hoffentlich hat er ein Heim, in dem er die Nacht verbringen kann. Er sah sehr einsam aus.

Weit ist es nun nicht mehr, zum Glück, wir spüren Müdigkeit und Hunger miteinander konkurrieren. Statt von einer

Donauversinkung oder Donauversickerung könnte man doch neutral von der Donauverschwindung sprechen. Falls wir den Naturburschen ein weiteres Mal treffen, werden wir ihm den Vorschlag machen.

Der größte der Hügel, zu denen er hinübergedeutet hat, ist ein äußerst geschichtsträchtiger. Auf dem Höwenegg erhob sich im 11. Jahrhundert bereits eine stolze Burg, die im 15. Jahrhundert wieder verfiel. Die kegelige Form deutet auf den Ursprung des Berges hin. Er gehört zu den Hegauvulkanen, deren nördlichster er ist. Das harte Basaltgestein eignete sich gut für den Straßenbau, so haben Bagger kräftig an ihm herumgenagt. Doch auch kalkiges Gestein befindet sich in seiner Tiefe. Beim Bau eines Entwässerungsstollens in den 1930er-Jahren stieß man auf wundervoll erhaltene Fossilien, darunter das vollständige Skelett des seltenen dreizehigen Urpferds, das heute im Staatlichen Museum für Naturkunde in Karlsruhe herumtrabt.

## Hipparion primigenius

Die Donau hatte ein eigenes Flusspferdchen. Das Hipparion suchte oft ihre Ufer auf, um sich an ihren Wassern zu laben. Das Urpferd gehörte zu der Gattung Hippotherium aus der Familie der Equidae, vermutlich ist es über die Beringlandbrücke von Nordamerika nach Eurasien emigriert. Schon lange her, dass das hübsche Pferdchen an der Donau herumwieherte. Aufgetaucht ist es im Miozän, also vor 23 bis 5 Millionen Jahren, im Pliozän, also vor 2,5 Millionen Jahren, starb es wieder aus. Leider! Es muss wirklich hübsch und elegant gewesen sein.

Durch sein versteinertes Skelett vom Fuße des Höweneggs lässt sich sein Aussehen gut rekonstruieren. Es war mit einer Schulterhöhe von etwa 140 Zentimetern deutlich kleiner als unsere heutigen Pferde. Wenn es einem auf den Fuß trat, schmerzte es kaum, brachte es doch nur gute sechzig Kilo auf die Urzeitwaage, zudem bestand die Chance, nur von einer der drei Zehen erwischt zu wer-

den. Ursprünglich besaßen Pferde nämlich noch keinen Huf, dieser entwickelte sich erst später durch die Verschmelzung der Zehen. Es wäre also deutlich schwieriger gewesen, sie zu beschlagen.
Bei den Grabungen am Höwenegg stieß man gleich auf mehrere Urpferde. Rätselhaft bleibt die Ursache des größten schwäbischen Ponyfriedhofs. Verschiedene Theorien kursieren. Ist den Urpferdchen das steile Donauufer zur tödlichen Falle geworden? Hatte es an der Donau eine Überschwemmungskatastrophe gegeben? Oder war der Vulkan schuld, der Höwenegg? Vulkanologen wissen, ein Vulkan spuckt nicht nur flüssiges Feuer, er wirft nicht nur mit Gesteinsbrocken um sich, er kann auch giftige Gase ausstoßen, die alles Leben vernichten. Vielleicht sind die armen Urpferdchen jämmerlich erstickt, wer weiß?
Im Karlsruher Naturkundemuseum wurde den Funden im Höweneggsaal viel Platz eingeräumt. Wer sich für die Zeit des Miozäns interessiert, der sollte aber unbedingt auch das Museum in Immendingen besuchen!

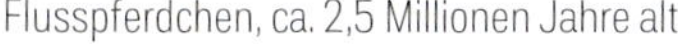

Flusspferdchen, ca. 2,5 Millionen Jahre alt

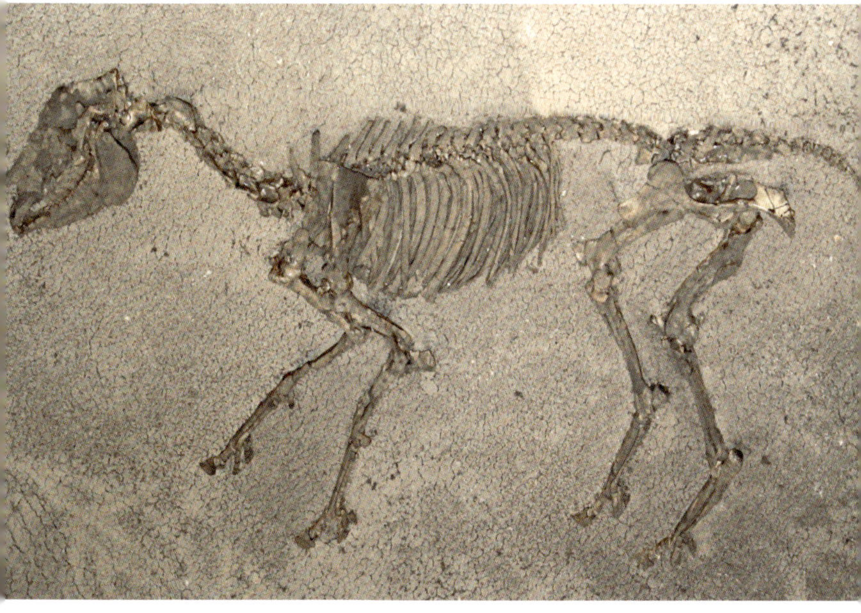

Für andere antike Tierarten wurde ebenfalls der Beweis erbracht, dass sie die Donau als Trinkstelle aufgesucht haben, darunter Antilopen (eine hatte noch zwei Föten im Bauch), Urelefanten und auch der gefährliche Säbelzahntiger. Bei allem Respekt für die Artenvielfalt, still gestehen wir es uns ein, ganz froh darüber zu sein, dass manche Tiere ausgestorben sind. Ein Radweg mit dem Hinweisschild »Vorsicht, kreuzende Säbelzahntiger« jedenfalls würde uns die Freude am Radfahren nicht wesentlich erhöhen. Wer weiß schon, wie es der Tiger mit der Zahnhygiene hält.

## Immendingen

Immendingen, unser nächstes Ziel, hat der Schlösser zwei. Im Oberen Schloss befindet sich heute das Rathaus, im Unteren Schloss war lange die Immendinger Gießerei und Maschinenfabrik untergebracht und mit ihr ein wichtiges Kapitel badischer Technikgeschichte, handelte es sich doch bei dem 1835 im Oberen Schloss gegründeten und 1889 eine Etage tiefer gelegten Unternehmen um die erste Maschinenfabrik des an wichtigen Industriezweigen nicht gerade armen Landes Baden. Interessant: Mittels einer Mühle, die der Weisenbach antrieb, wurden Mühlen hergestellt: Rädermühlen, Sägemühlen, Mahlmühlen. Heute dient das Untere Schloss kulturellen Zwecken und hat einen neuen Schlossgarten erhalten. Auf die Frage, wem diese Schlösser einst gehörten, liegt man entlang der jungen Donau oft richtig mit der Antwort: »Entweder den Fürsten von Hohenzollern-Sigmaringen oder den Fürsten von Fürstenberg.« Den Stammort der Sigmaringer haben wir schon durchradelt, zu den Fürstenbergern werden wir morgen kommen, so unsere Räder durchhalten.

Wie man an der Geschichte der ersten Maschinenfabrik Badens erkennt, die ihre Energie ursprünglich aus einem Wasserrad bezogen hatte, war fließendes Wasser in vielerlei Hinsicht ein wertvoller Standortvorteil, verständlich, warum manchmal mit harten Bandagen darum gekämpft wurde. Auch – auf besonders intensive Weise – in Immendingen.

## Der Streit ums Donauwasser

Die Emotionen schlugen hoch, höher noch als die Donauwellen. Das Land Württemberg gegen das Land Baden, die Schwaben gegen die Badener: 1927 traf man sich mit gewetzten Messern vor dem Staatsgerichtshof des Deutschen Reiches. Was war der Anlass? Um die Donau auch in trockenen Zeiten nicht völlig verschwinden zu lassen, hatte sich die Praxis eingebürgert, die größeren Schlucklöcher, die noch auf Badener Staatsgebiet lagen, zu verschließen. Hierdurch gelangte auch in trockenen Zeiten oft noch genügend Wasser von Baden nach Schwaben, die schwäbischen Anrainer konnten ihre Mühlen betreiben und ihre Wiesen und Felder wässern.

Als aber der badische Aachtopf immer müder sprudelte, verbot die badische Regierung das Stopfen der Schlucklöcher und ließ zudem bei Immendingen ein Wehr bauen, um noch mehr Wasser in den Untergrund zu leiten. Plötzlich saßen die Schwaben auf dem Trockenen und waren darüber gar nicht amüsiert. Nun sollte der Staatsgerichtshof entscheiden.

Die Badener argumentierten, auch die Anwohner des Aachtopfs und der Aach seien durch die nachgewiesene Bifurkation Donauanwohner und hätten damit ein Recht auf das Wasser, zudem sei der Staatgerichtshof gar nicht für Verstöße gegen die Gewerbeordnung zuständig und bei der Gewässernutzung gehe es schließlich um gewerbliche Fragen. Weil Angriff bekanntlich die beste Verteidigung ist, beantragten die Badener im Gegenzug, die schwäbischen Schlucklochverstopfungen bei Fridingen wieder rückgängig zu machen.

Der Staatsgerichtshof traf eine salomonische Entscheidung. Baden wurde auferlegt, sein Stauwehr bei Immendingen zu beseitigen, die Schlucklöcher aber durften sie weiter offen halten, und die Schwaben wurden dazu verdonnert, ihre verschlossenen

Schlucklöcher wieder zu öffnen. Der Staatsgerichtshof orientierte sich bei seiner Begründung weitgehend an den Bedingungen, welche die Natur geschaffen hatte.
Mit dem Urteil aber wurde zugleich musterhaft bestätigt, dass auch zwischen zwei innerdeutschen Ländern das Völkerrecht Gültigkeit besitzt, das bezüglich der Nutzung von Flüssen zur Achtung vor den Rechten der Länder am Unterlauf aufruft. Außerdem wurden die badisch-schwäbischen Streithansel aufgerufen, sich bei Konflikten künftig zusammenzusetzen und sich außergerichtlich zu einigen.

Genau. Bei einem Schoppen Wein, ob bei einem schwäbischen Trollinger oder einem badischen Gutedel, hat sich doch noch immer eine Lösung gefunden. Auf der Seite der Württemberger hatten im Prozess auch die Preußen als Landesherrn der Hohenzoller'schen Lande um das Donauwasser gekämpft. Ob der mächtige Mitstreiter das Urteil beeinflusste? Ein echtes Politikum war der Streit um das Donauwasser auf jeden Fall.

Der Rechtstreit ist nicht nur historisch interessant, der Kampf ums Wasser ist aktueller denn je. Rings um den Globus wird um die knappe Ressource gekämpft: um die Wasser des Euphrats, an dessen Oberlauf sich die Türkei bedient, am Nil, an dem sich zehn Anrainerstaaten um das Wasser streiten, zwischen Israelis und Palästinensern … Doch auch mitten in Europa stellen sich zahlreiche Fragen, etwa, wenn es darum geht, wie viele Schadstoffe die Schweiz in den Rhein leiten darf. Wer hat das Recht, sich am Wasser zu bedienen? Wann müssen die Nachbarn gefragt werden? Das Völkerrecht hat hierzu Grundsätzliches entschieden, der Teufel aber steckt bekanntlich im Detail.

Wir lassen Immendingen hinter uns und unterqueren die A 81, die gefürchtete Raserstrecke von Singen nach Stuttgart, auf der sich besonders gerne hochmotorisierte Schweizer austoben, dann erreichen wir die ersten Häuser von Kirchen-Hausen.

An einer Holzhütte mit der eingebrannten Inschrift *Insekten-Hotel* baumelt ein handbemaltes Schild: »Zimmer frei«. Wenn wir drei Schlupfwespen wären, hätten wir jetzt eine preiswerte Unterkunft gefunden. Etwas teurer ist unser Hotel, das *Gasthaus Sternen*, ein größerer Komplex, mehrere Gebäude, die man miteinander verbunden hat. Wohl was für Tagungen. An einer Hauswand steht: »Die zwei Häuser zwischen Schwarzwald und Bodensee.« Wir dürfen unsere Räder in der Tiefgarage abstellen. Dann wollen wir nur noch eines: uns ins Hallenbad stürzen! Statt des Sturzes aber nur Bestürzung. Das Bad wird gerade renoviert. So muss ersatzweise die Dusche ran.

Frisch duftend setzen wir uns zum Abendessen nieder. Erst wird der Durst gelöscht – wir fühlen eine geheime Seelenverwandtschaft zu den Schlucklöchern –, dann wird der Hunger gestillt. Nach dem Essen (sehr schmackhaft!) werden die Karten herausgeholt und ein weiterer Skat gedroschen. Dieses Mal hat Jonas das beste Blatt, nach wenigen Runden schon liegt er uneinholbar in Führung. Resignierend kämpfen wir beiden Verlierer zunächst um Platz 2 und dann nur noch gegen den Schlaf. Gute Nacht!

Tierfreunde an der Donau

# Vierter Reisetag

## Karl der Dicke und fürstliches Bier, Schwarzwaldtäler und Waldromantik: von Kirchen-Hausen über Donaueschingen zu den Quellen im Schwarzwald

Donauursprung
Bregquelle
Kolmenhof
Furtwangen
Deutsches Uhrenmuseum
Breg
Vöhrenbach
Hammereisenbach
Mühle
Brigach
Neckar
Donaueschingen
Donauquelle
Donau
Pfohren
Entenburg
Bräunlingen
Breg
Hüfingen
Park und Gruftkirche
Neudingen
Geisingen
Inline-Arena
Kirchen-
Hausen
Gutach
B a a r
Donau-Radweg
Tourvariante
Autobahn
Bundesstraße
Start/Ziel
Stadt/Ortschaft
Highlight
Bahnhof
4 km

# Vierter Reisetag: Karl der Dicke und fürstliches Bier, Schwarzwaldtäler und Waldromantik: von Kirchen-Hausen über Donaueschingen zu den Quellen im Schwarzwald

Die letzte Etappe liegt vor uns. Flo will uns noch bis Donaueschingen begleiten und dort in den Zug steigen. Der Morgen ist schön, die Sonne bereits über die Hügel der Alb gerollt, wir können auf der Terrasse frühstücken. Frisch gestärkt geht's zur Donau hinunter nach Geisingen, der Weg ist gut beschildert.

## Geisingen

Das Städtchen erlebte im Jahr 1487 eine furchtbare Brandkatastrophe. In ihrer Verzweiflung liefen die Geisinger in die Kirche, griffen sich die Statue der heiligen Agatha und stellten sie auf die Hauptstraße. Und siehe da – wie durch ein Wunder erlosch das Flammenmeer. Man hätte es natürlich auch mit dem heiligen Florian versuchen können, Chefzuständiger in allen Brandbekämpfungsfragen, aber auch Agatha rief man bei Blitz und Feuer an, war es ihr in ihrer sizilianischen Heimat doch gelungen, posthum den Lavastrom des Ätna von ihrer Heimatstadt Catania wegzuleiten.

Am Ortsrand von Geisingen kommt eine große Halle in den Blick. Hier wurde 2010 die erste deutsche Inline-Arena eröffnet, die erste überdachte zumindest. Wir aber sind mit dem Radsport genug ausgelastet und rollen vorüber. Im Grund gehören ja auch Fahrräder zu den Inlinern, befinden sich doch Vorder- und Hinterrad stets in Linie, in line, wie der Engländer sagt.

In wildem Zickzack geht's nun auf Wirtschaftswegen durch die Baar, wie sich die Hochebene zwischen Schwarzwald und Schwäbischer Alb nennt, dem Schwarzwald entgegen. An deren östlicher Flanke wachsen die Berge nicht so steil und mächtig in den Himmel hinauf, stattdessen heben sanfte Hügel die kornbestandenen Felder. Traditionell wird hier Dinkel angebaut, der in der Geisinger Stadtmühle gemahlen wird. Einst ein Arme-Leute-Getreide, wird Dinkel heute wieder hochgeschätzt. Einen Teil erntet man im noch unreifen Zustand, den Grünkern, aus dem sich leckere Suppen kochen lassen.

Der Donau gelingt auf dieser Wegstrecke ein weiteres Kunststück. Während das Gelände nördlich zum Neckar hin abfällt und südlich zum Bodensee mit dem Rhein, balanciert sie geschickt auf einem sehr schmalen und sehr niedrigen Höhenzug von Westen nach Osten. Dieser spezielle Höhensteg ist auch der Grund, warum wir auf einer Strecke von über

Der Blick weitet sich: Es geht durch die Baar

dreißig Kilometern keinem nennenswerten Zufluss mehr begegnen.

Zwischen den Feldern wächst zur rechten Hand ein stolzer Vulkankegel in die Höhe. Einst residierten dort auf dem Wartenberg die gleichnamigen Freiherrn, die in ewiger Fehde mit den Fürstenbergern von der anderen Donauseite lagen. Irgendwann im hohen Mittelalter beschloss ein Fürstenberger, dem Streit ein Ende zu machen: Er heiratete die Tochter des Wartenbergers und bekam deren ganzen Besitz. Hoffentlich ist aus dem chronischen Fürstenstreit kein chronischer Ehestreit geworden, denken wir beim Weiterradeln.

## Neudingen

In Neudingen erhebt sich in einem Park ein Kuppelbau, die letzte Ruhestätte der Fürsten zu Fürstenberg, die lange über die Baar geherrscht haben. Die Gruftkirche ist ein Neubau aus dem Jahr 1853, nachdem das Zisterzienserkloster Maria Hof 1852 niedergebrannt war und man eine neue Heimat für die sterblichen Reste der Fürstenfamilie suchen musste. Das Kloster, gegründet bereits im 13. Jahrhundert, wurde zum Hauskloster der Grafen und Fürsten zu Fürstenberg. Die Fürstenberger waren es dann auch, die sich in der Zeit der Säkularisation die Reichtümer des Klosters sicherten, umfangreiche Ländereien, Wälder und fruchtbare Felder von 2100 Hektar. 1806 wollte die Regierung des Landes Baden das Klostervermögen für soziale Zwecke einziehen, doch die Fürstenberger versprachen, die Erlöse selbst dafür zu verwenden, Gutes zu tun und Schulen und Kranke zu unterstützen.

Das kleine Neudingen kann mit einem Superlativ aufwarten: Es handelt sich um die südlichste aller deutschen Donaustädte. Wir mögen es zunächst nicht recht glauben. Liegt Passau nicht südlicher? Ein Blick auf die Karte belehrt uns eines Besseren. Selbst Wien liegt nördlicher als Neudingen. Haben wir somit die Frage des südlichsten aller deutschen Donauorte gelöst, was ist dann wohl die nördlichste unter den deutschen Donaustädten? Wenn uns unser Auge nicht trügt, müsste dies das schöne Regensburg sein.

## Pfohren

Wenig später erreichen wir Pfohren, dessen kleines Jagdschloss den hübschen Namen *Entenburg* trägt. Der Name soll auf Kaiser Maximilian I. zurückgehen, der »drei tag by graff Wollfen im schlos« übernachtet hatte. Der Sage nach soll ein anderer Kaiser hier auf grausame Weise zu Tode gekommen sein.

### Das Ende Karls des Dicken

Karl der Dicke (839–888) war ein ostfränkischer, später auch westfränkischer König und römischer Kaiser. Sein Vater Ludwig, Enkel Karls des Großen, hatte 843 im Vertrag von Verdun den östlichen Teil des Frankenreichs zugesprochen bekommen, das urige Germanien, weshalb man ihn später Ludwig den Deutschen zu nennen pflegte. Karl der Dicke stieg nach dem Tod seiner zwei älteren Brüder selbst zum Ostfrankenherrscher auf, nach dem Tod seines französischen Neffen Karlmann sogar auch zum König Westfrankens. Dennoch gab es nur Probleme, vor allem mit den Wikingern, die ständig die Grenzen verletzten (der Schengen-Raum war noch nicht erfunden), unerlaubt die Flüsse hinauffuhren und plünderten, was in ihre Boote passte. Da kann man gut verstehen, dass Karl der Dicke, vom Unbill der Politik geplagt, Entspannung suchte und bei Pfohren auf Entenjagd ging.

Als er aber durch die Donausümpfe schlich und anlegte, um eine Ente zu schießen, fing sein Körper schrecklich an zu krampfen, der Kaiser verlor die Kontrolle über sich und stürzte in den Morast, wo er elend ertrank. Seit dieser Zeit hört man in Vollmondnächten oft ein Stöhnen und Schnaufen. Das ist Karl der Dicke, der sich vergeblich aus dem Pfohrener Sumpf zu befreien sucht.

Eine Entenburg bei der Entenburg

Was aus dem Vogel wurde, auf den der Kaiser angelegt hatte, ist nicht überliefert. Ob es sich bei der Ente, die es sich auf einem angeschwemmten Holz auf der Donau gemütlich macht, um eine entfernte Verwandte handelt? Auch Störche fühlen sich in Pfohren wohl und weißeln kostenlos das Kirchendach.

Historiker meinen übrigens herausgefunden zu haben, dass Karl der Dicke gar nicht so dick gewesen sei und er nicht in den Pfohrener Entensümpfen, sondern in Neudingen den Tod gefunden habe, dem Ort, an dem wir gerade vorbeigeradelt sind. An der Stelle der dortigen Grabeskirche habe sich früher eine Pfalz befunden, dort habe Karl der Dicke seinen letzten Schnaufer getan. Pfohren kann dennoch mit Neudingen locker konkurrieren. Nimmt man den Zusammenfluss von Brigach und Breg als Donauanfang, so ist Pfohren der erste aller Donauorte und zugleich der westlichste, da sich die Quellflüsse erst östlich des Stadtkerns von Donaueschingen vereinigen.

Wieder kommen wir durch eine renaturierte Donaulandschaft, durch ein Ried, ein Feuchtgebiet, in dem die Frösche um die Wette quaken. Warum sie nicht die Klappe halten? So hat doch der Storch von Pfohren leichtes Spiel. Eine Hinweistafel informiert uns: »Eigendynamik schafft wertvolle Lebensräume«. Die Aktion gefällt uns – was uns nicht gefällt, ist die Schmiererei auf der Tafel. Irgendjemand hat die Flagge der EU, den Sternenkreis auf blauem Grund, mit weißer Farbe durchgestrichen. Europafeinde auch hier, am Geburtsort des europäischsten aller Flüsse? Wir schütteln den Kopf. Man kann sicher über manche Entscheidung von Brüssel unterschiedlicher Meinung sein – für welches politische Gremium gilt das nicht? –, die Flagge der Union durchzustreichen aber zeugt nur von Dummheit und Ignoranz und von Demenz in historischen Fragen.

Ist es nicht ein Wunder, dass Europa, dessen lange Geschichte von immer furchtbareren Kriegen geprägt wurde, eine solche Periode des Friedens erleben darf? Dieser Frieden ist keineswegs vom Himmel gefallen, sondern nur durch die Überwindung schlimmer Vorurteile und Verletzungen möglich geworden, durch Menschen, die nationale Egoismen hintangestellt und sich über die Gräber die Hand gereicht haben. Wer das alles mit einem Kreuz überschmiert, dem ist nicht zu helfen.

## Donaueschingen

Nach wenigen Kilometern erreichen wir den Stadtrand von Donaueschingen. Ich will schon Richtung Innenstadt weiter, wo sich die Donauquelle befindet, als ich es hinter mir rufen höre. Flo hat einen Abzweig entdeckt, einen Hinweis auf den Donauzusammenfluss. So biegen wir rechts ab und kommen nach hundert Metern an einen besonderen Ort, den Zusammenfluss von Brigach und Breg.

Ein mächtiges Denkmal hat man hier aufgestellt. Lässig ausgestreckt eine Schöne, zu deren Füßen ein Kind – ist es ein Mädchen oder ein Junge? – einen Krug ausgießt, sodass das

Wasser hinausströmt. Allerdings gelangt der feuchte Guss nur bis zum Podest, dort bleibt er kleben, als traue er sich nicht weiter. Auch sonst bleibt manches rätselhaft. Sind die beiden Brigach und Breg? Warum dann aber nicht als Schwestern dargestellt, sondern als Mutter und Kind? Nun ja, sei's drum.

Wer mag der Stifter sein? »Der lieben Heimatstadt Donaueschingen – Irma und Max Egon zur Erinnerung an unsere Goldene Hochzeit 19. Juni 1939«, lesen wir. Zum 50. Hochzeitstag also. Endlich einmal ein sinnvolles Jubiläumsgeschenk, finden wir und lassen uns von einer netten Schwäbin fotografieren, die mit ihrem Mann von Bad Dürrheim hierhergeradelt ist. Sie kämen eigentlich aus Reutlingen, zuletzt seien sie mit ihrem damals vier Jahre alten Sohn an diesem Ort gewesen, die ganze Donaustrecke sei er auf seinem Kinderrad gefahren. Sportlich!

Ein schöner, ein lauschiger Ort ist die Stelle des Zusammenflusses. Brigach und Breg scheinen sich auf Anhieb gut zu

Denkmal bei der Vereinigung der Quellflüsse

verstehen, Kunststück, sind doch beide Damen echte Schwarzwälderinnen. Nahezu lautlos vereinigen sie sich, beide in etwa von gleicher Größe. Das ist wohl auch der Grund, warum man ihnen einen neuen Namen gegeben hat, man konnte sich zwischen den beiden einfach nicht entscheiden.

Vielleicht sollte man das auch bei der Hochzeit von uns Menschen machen, nicht immer die Frage, nehmen wir deinen oder meinen Namen? Stattdessen einfach einen neuen auswählen! Das kann sehr lustig werden. Wer will, kann ja auch die Buchstaben der alten Namen nehmen und sich daraus einen neuen scrabbeln, so muss er nicht auf die vertrauten Zeichen verzichten.

Gerne wären wir noch geblieben, aber Flos Zug fängt schon an zu dampfen. So winken wir noch mal zurück und fahren am Brigachufer weiter eine schattige Allee entlang, die uns in den Schlossgarten von Donaueschingen führt.

Brigach-und-Breg-Zusammenfluss bei Donaueschingen

Die Fürstenberger gibt es heute noch, seit dem Jahr 1723 residieren sie in Donaueschingen. Ihre Brauerei allerdings haben sie verscherbelt und auch sonst befinden sie sich auf dem Rückzug. So wollen sie nicht länger das traditionsreiche Reitturnier sponsern, was für erhebliche Aufregung bei den Stadtverantwortlichen sorgt, wie ein Zeitungsaushang verrät.

Mit ihrem Park aber haben die Fürstenberger den Donaueschingern ein zeitlos hübsches und äußerst großzügiges Grün geschenkt. Ursprünglich in streng barocken Formen gehalten, ist es zu einem Englischen Garten umgestaltet, mit weiten Wiesen und hohen Baumgruppen. Pfeilgerade aber führt noch die Prinz-Fritzi-Allee hindurch, um uns am Eingang zur Innenstadt wieder zu entlassen.

Wir hätten die Donauquelle auch über versteckte Pfade durch den Park erreichen können, nun aber wählen wir den Weg über die Josefstraße immer in Richtung Kirchturm von St. Johann, hinter dem das Fürstlich Fürstenbergische Fürstenschloss liegt. Hier sind wir richtig, hier sind wir am Ziel.

Ein großes Betonrelief bildet den Lauf der Donau nach. »Donauquelle« steht groß darüber – und zudem in sieben weiteren Sprachen, wohl denen der Länder, welche die Donau durchfließt. Von oben blicken wir auf die stolz gefasste Quelle hinab. Die Fürstenberger haben sich alle Mühe gegeben, baulich zu demonstrieren, dass hier die Donauquelle entspringt; das runde Becken ist wirklich eindrucksvoll.

Am seitlichen Rand erhebt sich eine aus Stein geschlagene Figurengruppe. Eine hübsche Dame weist ihrer ebenfalls recht attraktiven Tochter den Weg, zu ihren Füßen gießt ein Kleinkind Wasser aus. Wir googeln, was es damit auf sich hat. Die Dame soll die personifizierte Baar sein, wie sich die Hochebene zwischen Schwarzwald und Schwäbischer Alb nennt, die wir soeben durchradelt haben. Die Tochter der Baar, das ist die Donau. Frau Baar scheint der Abschied nicht schwer zu fallen und auch ihr Töchterchen blickt mit leuchtenden Augen ostwärts. So muss das im Leben sein, rechtzeitig soll man seine Kinder mit segnender Hand in die Welt entlassen, sonst können sie selbst keinen Segen spenden.

Donaueschingen: nicht die einzige, aber sicher die schönste Donauquelle

Nachträglich erklärt sich auch das goldene Hochzeitsgeschenk vom Zusammenfluss von Brigach und Breg. Es handelt sich um eine ältere Version des Quellenmythos. Einst stand diese Gruppe genau hier, bevor man sie zunächst an eine andere Stelle des Schlossparks verbrachte. Irma und Max Egon, das Fürstenberger Fürstenpaar, hat sie dann 1939 der Stadt geschenkt und am neuen Ort mit neuem Sockel aufstellen lassen. Warum man den kleinen Quellbach zur Donauquelle erklärt hat? Vermutlich, weil damit die Eschinger eine neue touristische Attraktion bieten konnten, behaupten hinter vorgehaltener Hand die Schwarzwälder an den Quellen von Brigach und Breg.

Max Egon II. zu Fürstenberg war eine schillernde Figur. Seit seiner Jugend galt er als bester Freund von Kaiser Wilhelm II., der jedes Jahr zur Jagd nach Donaueschingen kam. Eigentlich aus einer Nebenlinie stammend, hatte Max Egon die Fürstenberger Stammbesitztümer geerbt und wurde damit einer der reichsten Männer seiner Zeit. Sein Engagement für die zeitgenössische Musik machte Donaueschingen in den 1920er-Jahren zu einem wahren Wallfahrtsort: Schönberg, Hindemith, Alban Berg oder auch Bartók und Webern führten bei den Festtagen Neuer Tonkunst ihre jüngsten Werke auf, Thomas Manns Tonsetzer-Roman *Doktor Faustus* würdigte diese Epoche Donaueschingens literarisch.

Von allen guten Geistern verlassen aber wurde der an sich liberal eingestellte Max Egon nach Hitlers Machtergreifung 1933: »Es war herrlich, diesem einzig großen Mann gegenüberstehen zu dürfen.« Max Egon starb 1941. So musste er nicht miterleben, wie der Krieg, den Hitler angezettelt hatte, auch Donaueschingen in Schutt und Asche legte. Während die Bomben fielen, geschah jedoch zur gleichen Zeit am selben Ort ein kleines Wunder.

## Anselm Kiefer

Donaueschingen, 8. März 1945. Wieder heulen die Sirenen, eilt alles, was laufen kann, in die schützenden Keller. Auch die Patienten des Krankenhauses werden in Sicherheit gebracht, darunter die junge Frau eines Kunstpädagogen, Cilly Kiefer. Sie ist hochschwanger, die Wehen setzen ein, im Luftschutzkeller gebiert sie ihr Kind. Trotz der dicken Mauern aber sind die Explosionen der Bomben deutlich zu hören. Besonders die Bahnlinien sind das Ziel, Donaueschingen ist ein Verkehrsknotenpunkt.

Dicht gestaffelt donnern die feindlichen Flieger über die Stadt, alle kriegswichtigen Ziele werden gesprengt, damit die Franzosen ungefährdet einrücken können. Die jungen Eltern im Luftschutzkeller sind voller Sorge und Angst. Wenn die Explosionen doch endlich aufhörten! Wie zart, wie empfindlich ist das Gehör eines Säuglings! Um ihren Kleinen vor dem Lärm zu schützen, stecken sie ihm Wachs in die Ohren. Ob er dennoch den Namen versteht, den ihm seine Eltern zuflüstern? »Anselm, kleiner Anselm.«

Aus dem kleinen Jungen wird einer der bedeutendsten Künstler der Gegenwart. Er studiert Malerei in Freiburg und bei Horst Antes in Karlsruhe, ein altes Schulhaus im Odenwald wird zu seinem ersten Atelier. Alle paar Monate rollt er seine großformatigen Werke zusammen, befestigt sie auf dem Dach seines VW Käfers und fährt vom Odenwald nach Düsseldorf, um sie Joseph Beuys zu zeigen.
Ob Anselm Kiefer die Neigung zur Provokation von Beuys geerbt hat? Regelmäßig rufen seine Kunstaktionen wütende Proteste hervor, 1980 etwa die Eröffnung des Deutschen Pavillons auf der Biennale von Venedig mit den Arbeiten *Deutschlands Geisteshelden* und *Wege der Weltweisheit*. Der junge Künstler kann über die Proteste nur den Kopf schütteln. Bemerken denn die Menschen den löchrigen Boden nicht, auf den er sein Pathos stellt?
Der Durchbruch gelingt ihm mit einer Wanderausstellung durch die USA. Die Ausstellung wird zu einem regelrechten Triumphzug. Seitdem bemühen sich die angesehensten Museen der Welt um eines seiner Werke. In ihnen thematisiert er die menschliche Heilserwartung und die Formen menschlicher und politischer Hybris, setzt sich mit deutscher Geschichte und Mythologie auseinander. Oft gibt er dem Grau den Vorzug, der *Farbe des Zweifels*, wie er es nennt, Blei als künstlerisches Material zieht ihn magisch an.
Ob es mit seinen frühen Kriegserlebnissen zusammenhängt? Häufig lässt Anselm Kiefer seine Bilder wie Ruinen aussehen, wie Bruchstücke, die man zusammensetzt, oft näher am Nichts als an der Vollendung. Die Trümmer von Donaueschingen, die Bombentrichter, die vielen zerstörten Häuser mögen seine ersten Seheindrücke geprägt haben. In der Trümmerwüste seiner Geburtsstadt hat er gespielt, sah in Schutt und Verwüstung jedoch nicht primär die stattgefundene Zerstörung, sondern die Chance, etwas Neues entstehen zu lassen.
In diesem Sinn interpretiert er auch die Rolle des Wachses, das ihm seine Eltern in die Ohren gesteckt hatten, in gänzlich anderer Weise. Das Wachs sei für ihn kein Schutz vor dem Bombenlärm gewesen, sondern ganz im Gegenteil Schutz vor der Verführung durch die Bomben. Wie sich die Mannschaft des Odysseus die Ohren verschloss, um nicht dem lieblichen, aber tödlichen Gesang

der Sirenen zu verfallen, so sollte er nicht der Verführung der Bomben erliegen. Eine Interpretation, die verstört, genauso wie viele von Anselm Kiefers Werken.

Wer an den Ufern der Donau ein Werk Anselm Kiefers betrachten möchte, der besuche die Fürstlich Fürstenbergischen Sammlungen, das Privatmuseum des Hauses Fürstenberg in Donaueschingen. Das vielleicht kurioseste Exemplar der Sammlungen aber stammt von Napoleon, dem großen Korsen, dem das Kurfürstentum Baden seine Entstehung verdankt. Insofern befindet es sich durchaus am passenden Ort, selbst wenn manch Besucher darüber die Nase rümpfen mag.

Es handelt sich um ein Teil der erweiterten Reisetoilette Napoleons. Wie bekannt, war Napoleon oft unterwegs, nicht immer in friedlichen Absichten allerdings. Um bei seinen Reisen nicht unnötig Zeit zu verlieren, führte er ein Urinal mit sich,

Das Quellbecken: ein kleiner Blautopf

ein Gefäß aus edelstem Porzellan, versteht sich, mit vergoldetem Blechhenkel und passend geformtem Lederfutteral, goldgeprägt das große »N« Napoleons. Ein echtes Schmuckstück also. Ein Brief aus dem Jahr 1841 empfiehlt den Ankauf. Es handle sich schließlich um den »Piss-Topf, welcher dem Kaiser auf seinen Reisen in seinem Wagen diente.«

Nun aber Schluss mit den kunstsinnigen Betrachtungen. Wir wollen endlich die Donauquelle aus der Nähe betrachten und nehmen einen eleganten Freilichtaufzug, der uns und unsere Räder eine Etage tiefer wieder entlässt. Die Räder stellen wir in einiger Entfernung ab und betreten ehrfurchtsvoll das Quellenrund. Das Wasser ist glasklar, hin und wieder perlen Sauerstoffbläschen aus der Tiefe, hellgrüne Pflanzen wehen sanft in der aufsteigenden Strömung. Wo genau es quillt, ist nicht zu erkennen. Dass es quellen muss, beweist ein kleiner seitlicher Ablauf. Eindeutig beginnt hier etwas zu fließen, ein Rinnsal, das nach kürzester Strecke – mehr als ein paar Dutzend Meter können es nicht sein – im Schlosspark in die Brigach fließt, unterirdisch geführt, damit seine Kümmerlichkeit nicht augenfällig wird.

Diese Quelle hier also soll die junge Donau sein, jedenfalls will man uns das glauben machen. Raffinierte Marketingstrategen, die hiesigen Fürsten! Wie geschickt, die bescheidene Quelle mit einem solch stolzen Becken zu versehen. So tun sich keine Fragen auf und jeder freche Zweifler verstummt. Eine hübsche badische Legende erzählt, ein Schwabe habe einst mit seiner Hand den Ablauf der Donauquelle für ein Viertelstündchen zugehalten. Auf die Frage, was er da tue, habe der Schwob geantwortet: »Hei, ich will den Wienern einen Spaß machen. Die werden schauen, wenn auf einmal eine ganze Viertelstunde kein Wasser mehr kommt.«

»Bis zum Meere 2840 Kilometer«, steht in das Brunnenrund gemeißelt. In Medaillons sind zudem die zwölf Sternzeichen zu sehen. Am besten gefällt uns die Jungfrau, die so unschuldig an einer Rose schnuppert, aber die sich küssenden Zwillinge sind ebenfalls herzig. Marketing war wohl auch der Grund für die Namensänderung Eschingens in Donaueschingen.

Details am Donauquellbecken

Auf alle diese Tricks aber fallen wir nicht rein und wir stehen mit unserer Meinung nicht allein: Naturwissenschaftlich, also geografisch und hydrologisch, kann nur dem längsten und wasserreichsten Quellfluss die Ehre des Donau-Ursprungs zuerkannt werden, weshalb unsere Donaureise hier noch nicht enden darf. Wir müssen weiter, den Schwarzwald hinauf, müssen der Breg folgen, der längeren der beiden Schwestern. Dennoch soll der Donaueschinger Donaubach eine kleine Würdigung erfahren, hat doch auch er seinen Anteil am Flusssystem der Donau.

## Der Donaubach

Durch eine Sache kann die Quelle des Donaubaches gegenüber ihren Quellschwestern von Brigach und Breg punkten: Sie schüttet am meisten Wasser aus, nämlich zwischen fünfzig und 150 Litern

pro Sekunde – nicht schlecht, damit dürfte sie in null Komma nix die fürstliche Badewanne gefüllt haben. Wissenschaftlich handelt es sich bei der Quelle des Donaubachs um eine sogenannte Karst-Aufstoß-Quelle – Verzeihung, wohl bekomm's! Im karstigen Grund der Baar sammelt sich das Wasser und drängt mächtig zur Oberfläche hinauf.
Um die Fürsten vom Vorwurf der Geltungssucht zu rehabilitieren, sei verraten, dass bereits im Jahr 1538 ein Mann namens Sebastian Münster in der Donaueschinger Quelle den wahren Ursprung der Donau gefunden zu haben glaubte. Brigach, Breg oder Donaubach? Um die Verwirrung komplett zu machen: Der Schweizer Professor Scheuchzer vertrat die Ansicht, dass die wahre Quelle eines Flusses die höchstgelegene sein muss, womit die Quelle des Donauzuflusses Inn als die eigentliche Donauquelle anzusehen sei. Man darf sich munter an der Herkunftsdebatte beteiligen. Der Donau ist's egal. Sie denkt sich ihren Teil und plätschert lustig dahin.

Der Streit um die echte Donauquelle bewegt bis heute die Gemüter. Kennen Sie den Dialog zwischen dem ob der unterschiedlichen Ursprungsversionen verzweifelten Quellenforscher Professor Hydro-Originus und der Donau?

*Professor: »Nenne deine Quellen!«*
*Donau: ---- (zuckt die Schulter und schweigt)*

Bevor wir die Quelle des Donaubachs verlassen, werfen wir noch einen letzten Blick auf die hübsche, aus Stein geschlagene Donauskulptur, der von ihrer Mutter der Weg gewiesen wird. Ein Bulgare, der nachschauen will, wo denn seine Donau herkommt, würde verwundert den Kopf über dieses Denkmal schütteln. Die Donau soll ein Mädchen sein? Wieso das? In Bulgarien ist die Donau selbstverständlich männlich, der *Dunav* nennt sich der Fluss auf Bulgarisch. Auch die Serben und Kroaten halten die Donau für ausgesprochen maskulin. Warum auch nicht? Die Donau oder der Dunav, ist das nicht wundersam gendermäßig korrekt?

Das erste Quellenmädchen aus Fleisch und Blut, von dem wir wissen, wurde im Jahr 368 Beute der vorstoßenden Römer. Die Kleine wurde als Kriegsbeute auf einem Sklavenmarkt verkauft und von dem Mann, der sie erwarb, nach Rom gebracht. Dieser Mann aber war ein Dichter. In den nachfolgenden Versen erzählt uns Ausonius, was in Rom aus dem Schwarzwaldmädchen wurde.

*Mein Kind, im kalten überrheinischen Lande,*
*Dort, wo der Donau Quelle rauscht, geboren,*
*Heimat und Mutter hast du früh verloren,*
*Der eh'rne Krieg schlug dich in Bande.*
*Ich löste sie und sparte dir die Schande.*
*Und die mir war als Sklavin zugeschworen,*
*Ward frei und mir zum Liebling auserkoren.*
*Lang, eh der Jugend Unglück sie erkannte,*
*Roms freie Bürgerin; doch jeden Tag:*
*Der Augen Blau, die Haut so licht und lind,*
*Das goldene Haar! – gibt von Germanien Kunde.*
*So steht sie da, ein lieblicher Betrug:*
*Schaust du sie an, ein echtes Schwarzwaldkind!*
*Doch römisch klingt es von dem schönen Munde.*

Bissula hat der römische Dichter seinen Liebling genannt. Die beiden heirateten, Ausonius' Liederzyklus *Liebesgedichte an die blauäugige, blonde Germanin* wurde viel gelesen und scheint die Sehnsucht der Römer nach hübschen Blondinen befeuert zu haben.

Mit Sigmaringen und Donaueschingen haben wir die Fürstenstädte der jungen Donau kennengelernt. Aber natürlich hat die Donau noch ganz andere Metropolen zu bieten! Folgt man ihrem Lauf ostwärts, kommt man durch die Hauptstädte von Österreich, Ungarn und Rumänien. Die Donau war und ist also auch ein eminent politischer Fluss.

Dass Flüsse die Richtung vorgeben, erkennt man nicht zuletzt daran, dass die Fürstenberger zahlreiche Besitztümer im Osten erwarben, in Böhmen und in Niederösterreich. Und auch das zweite Adelsgeschlecht an der Oberen Donau, die Hohenzollern von Sigmaringen, hatte seinen Blick nach Osten gerichtet: Die Sigmaringer stellten von 1866 bis 1947 die Könige von Rumänien.

Wie und wo aber geht es jetzt für uns weiter? Unser Donauradwegführer ist bereits an sein Ende gekommen. In der nahen Touri-Info versorgt uns eine aufgeweckte junge Frau mit einer Karte, auf welcher der Breg-Radweg nach Furtwangen verzeichnet ist. »Eine hübsche Route«, verspricht sie, »immer auf der alten Bahntrasse entlang.«

Draußen vor der Info treffen wir das Paar wieder, das wir am Zusammenfluss kennengelernt haben. Wir wünschen uns gegenseitig Glück für die weitere Tour, dann sausen wir Richtung Bahnhof. Flo wird schon im Zug Richtung Ulm sitzen und bequem die Strecke genießen, die wir mit den Rädern gefahren sind. Im Geiste wird er jeden Bahnhof begrüßen, an dem noch ein Stellwerker an den Hebeln zieht.

Nostalgie ist die Sehnsucht, die ihren Blick in die Vergangenheit richtet, Utopie der sehnsüchtige Blick in die Zukunft. Für die Gegenwart interessiert sich die Sehnsucht nicht, sehnen kann man sich nur nach etwas Fernem, Unerreichbarem. Oder etwa nicht? Für die wahre Donauquelle sollte das nicht gelten – sie am Abend zu erreichen, das ist unser Ziel. Um es aber zu erreichen, müssen wir das Gebirge erklimmen, das in seiner ganzen Schönheit vor uns liegt, den Schwarzwald.

## Wie schwarz ist der Schwarzwald?

Ist er wirklich schwärzer als andere Wälder? Als der Bayerische Wald, der Thüringer Wald, als die Wälder des Erzgebirges oder des Sauerlandes? Ist jemals jemand mit einem Belichtungsmesser durch den Schwarzwald gestreift, der sich von der Schweizer

Grenze entlang des Rheins bis hinauf nach Karlsruhe erstreckt? Wie kam wohl sein Name zustande?

Denkt man an den Schwarzwald, so denkt man unwillkürlich an einen dichten, kaum zu durchdringenden Tannenwald. Wo hohe Tannen rauschen, wo sich Krone an Krone drängt, wo ein Filz von Nadeln das Himmelslicht abwehrt, kann es tatsächlich ziemlich finster werden. Jedoch: Der Name Schwarzwald ist älter als der Tannenwald (der heute übrigens meist zum Fichtenwald mutiert ist.)

Zum ersten Mal taucht die sinistre Bezeichnung im Jahre 868 auf, als *saltu Svarzwald* wird der Schwarzwald im Urkundenbuch des Klosters St. Gallen erwähnt. Alle Gewährsleute inklusive Wikipedia aber behaupten, zur damaligen Zeit, also im frühen Mittelalter, hätten sich die deutschen Mittelgebirge auf das Hübscheste in ein buntes Kleid aus Laub- und Nadelbäumen gewandet.

Vielleicht hing das Urteil davon ab, aus welcher Richtung man sich dem Schwarzwald näherte. Kam man von Süden, aus den Alpen, deren Gipfel nur karge Bewaldung zulassen, so mag man beim Betreten des Schwarzwalds tatsächlich eine tiefe Dunkelheit verspürt haben. Das Gleiche gilt bei der Anreise von Westen. Denn dann durchquerte man zuvor das lichte Rheintal, dessen helle Ufer die Sonne besonders verwöhnt. Wenn man jedoch wie wir auf unserer Donautour von Osten auf den Schwarzwald trifft oder aus dem Norden, so wird der Helligkeitskontrast, der unser Urteil stets mitbestimmt, vermutlich geringer ausgefallen sein.

Wie dem auch sei, im Laufe der Jahrhunderte hat der Schwarzwald seinem Namen immer weniger Ehre gemacht. Hatten die Römer ihn noch weitgehend in Ruhe gelassen und sich auf eine kleine Trasse durch das Kinzigtal beschränkt, kletterten die Alemannen von den Tälern, die sie schon früh besiedelten, bald die Höhen hinauf, bis hin zu den höchsten Gipfeln. Dabei bedienten sie sich kräftig an den Bäumen, die zunehmend ihre Liebhaber fanden.

Zum Ende des Mittelalters klang das Echo der Äxte immer lebhafter, Holz in unvorstellbaren Mengen wurde gebraucht. Besonders die Holländer, die alten Seefahrer, waren scharf auf die schönen Stämme, verwandelten Eichen und Tannen in Mastbäume und

Planken für ihre Schiffe. Ein einträgliches, aber gefährliches Geschäft war es, die Stämme zu Tal zu bringen. Man staute die Bäche und ließ das Wasser dann mit Macht zu Tale schießen, zu den größeren Bächen, wo die Stämme zu Flößen gebunden zum Rhein, zum Meere trieben.

Das Holz aber wurde auch zur Erzeugung von Kohle gebraucht. Heute gibt es nur noch wenige Menschen im Schwarzwald, die das Gewerbe der Köhlerei verstehen, so wie der Kohlenmunk-Peter im schönen, wenngleich etwas unheimlichen Märchen *Das kalte Herz* von Wilhelm Hauff. Auch um Wiesen für die Kühe zu schaffen, wurden weite Teil des Schwarzwaldes gerodet.

Oft übertrieb man den Holzeinschlag, Mitte des 19. Jahrhunderts waren viele Berge fast völlig entwaldet, aus dem schwarzen Walde waren lichte Höhen geworden. Mühsam begann man, den Wald wieder aufzuforsten, oft mit Monokulturen aus schnellwachsenden Fichten, in die Stürme wie Vivian, Wiebke oder Lothar mit Macht hineinfuhren und sie wie Streichhölzer flachlegten. Heute ist man klüger und setzt erneut auf Mischwälder, auch dem Klimawandel will man damit besser trotzen. Der Schwarzwald ist wieder zu einem lohnenden Urlaubsziel geworden.

Den Schwarzwald und seine Bewohner scheinen nicht nur die Römer gefürchtet zu haben. Friedrich Nicolai zitiert in seinen *Beschreibungen einer Reise durch Deutschland und die Schweiz*, die er im Jahre 1781 unternommen hat, einen Gewährsmann: »Wer sich unter diese Wilden Deutschlands wagt und ein halbes Jahr, ohne totgeschlagen oder von den Hunden zerrissen zu werden, lebe, werde uns eine ebenso kuriose Reisebeschreibung liefern können, als Cook von Neuseeland.«

Wir sind gewarnt! Über die Bahnstrecke hinweg erreichen wir die Breg. Auf die Brigach müssen wir verzichten, selbst wenn man auch in ihren Anfängen einmal die wahre Donauquelle gesehen hat. Jedenfalls hat diese Behauptung um 1719 ein Vikar namens Breuninger aufgestellt. Da er in St. Georgen zu Hause war, auf dessen Gemeindegebiet die Brigachquelle liegt, haben wir es wohl mit einer Form von blindem Lokalpatriotismus zu tun.

Im Vergleich schlägt die Breg die Brigach deutlich und auf allen Gebieten: Sie ist 46 Kilometer statt vierzig Kilometer lang, ihre Quellhöhe beträgt 1078 Meter statt 940 Meter, ihr Einzugsgebiet umfasst 291 statt 195 Quadratkilometer und ihre mittlere Strömung am Ort des Zusammenflusses bei Donaueschingen beträgt 6 Kubikmeter pro Sekunde statt 3,4 Kubikmeter. Besonders zur Zeit der Schneeschmelze im Schwarzwald schwoll sie früher gewaltig an, in den Vororten von Donaueschingen musste man sie in Deiche fassen und streckenweise kanalisieren. Die Winter im Schwarzwald jedoch sind auch nicht mehr das, was sie mal waren, heute würde man vielleicht weniger vorsichtig sein.

Auch dem Mühlenantrieb dienten die Kanäle – Wasserkraft, eine zuverlässig verfügbare Energie. Nicht ohne Grund wurden Orte an munteren Bergbächen oft zur Keimzelle innovativer Unternehmen; im Schwarzwald oder der Schweiz gingen sie häufig aus der Uhrenherstellung hervor, präziseste Feinmechanik gepaart mit hoher Langlebigkeit. Neben den Mühlen hatten sicher auch die langen Winter ihren Anteil an dieser Entwicklung, über Monate eingeschneit blieb den Bauern und Handwerkern viel Zeit zum Tüfteln.

## Hüfingen

Auch in Hüfingen, dem ersten Ort an der Breg hinter Donaueschingen, wurden Mühlen betrieben. Das Ufer des alten Mühlenkanals hat man hübsch gestaltet, anmutige Figuren spiegeln sich im Wasser. Nicht nur an- sondern auch sonst ziemlich mutig ist ein aus Ziegeln gemauertes Paar, das sich mitten in der Strömung umarmt. Eine Tafel informiert: Professor Klaus Schultze aus Überlingen hat die Skulptur geschaffen, 1996, anlässlich der 5. Internationalen Keramikwochen von Hüfingen. Romantisch! Weniger romantisch wird der Bronzefrau am an-

Sich lieben, selbst wenn einem das Wasser bis zum Hals stehen sollte

deren Ufer zumute sein, Wäsche auf einem Brett zu säubern war sicher anstrengend.

Am Stadtrand, unweit der Breg, ein Kneippbecken, in dem wir nach einer Runde bereits den Kälteschmerz spüren. Wärmer dürfte das Wasser im Römerbad gleich nebenan gewesen sein, dessen Reste gesichert und durch ein kleines Museum zugänglich gemacht worden sind.

## Brigobannis

Hier verlief einst die Grenze zwischen dem Römischen Reich und dem freien Germanien. Weil das Schengen-Abkommen noch in weiter Ferne lag, mussten die Grenzen gesichert werden, und auch darin waren die Römer Meister. Ein spornartig sich erhebender Hügel nahe der Breg, stolze zwanzig Meter hoch, erschien den römischen Festungsbaumeistern passend, freche Germanen auf Distanz zu halten. Flugs errichteten sie ein Kastell, vermutlich in den Jahren 41 bis 45 nach Christus, also zur Zeit der Herrschaft von Kaiser Claudius.

Viel ist von der Festung nicht übriggeblieben. Erste Grabungen wurden durch Reichsritter Hans von Schellenberg zu Beginn des 17. Jahrhunderts vorgenommen; im Jahr 1820 gelang es, den Ort als das in römischen Quellen aufgeführte Brigobannis zu identifizieren. Karl Egon II. zu Fürstenberg ließ erneut zum Spaten greifen, worauf man die komplette Badeanlage freilegte: ein Wellness-Tempel, der auch heute noch begeistern würde. Auf stolzen 570 Quadratmetern konnten sich die Soldaten vom kalten Frigidarium über das lauwarme Tepidarium zum heißen Caldarium vorarbeiten. Wem das noch nicht reichte, für den gab es ein kreisrundes Sudatorium, in dem einem endgültig der Schweiß ausbrach. Anschließend suchte man die großzügig bemessenen Ruheräume auf, schloss die Augen und träumte von der römischen Heimat, von Lorbeer- und Myrtenhainen.

Die römische Armee besaß ein Herz für Zivilisten – für einen geringen Obolus durfte jedermann mitplanschen. Vermutlich machte man von diesem Angebot regen Gebrauch. Nördlich der Festung nämlich schloss sich der Vicus an, eine Siedlung aus lang gestreckten Fachwerkbauten, die Schmalseiten zur Straße ausgerichtet und mit einladenden Portiken versehen. Dieses römische Schwarzwaldstädtchen florierte, lag es doch an der Kreuzung wichtiger Handelswege. An Bedeutung verlor allerdings das Kastell, denn die römischen Truppen wurden bald donauaufwärts geschickt und der Limes neu gezogen. Karl Egon II. ist es zu verdanken, dass das ausgegrabene Bad 1821 durch einen Schutzbau gesichert wurde, eine vorbildliche denkmalschützende Maßnahme in der damaligen Zeit.

»Romanorum quae hic spectas Monumenta eruit posterisque servavit Carolus Egon princeps de Fuerstenberg MDCCCXXI«, lautet eine Inschrift am Schutzbau der Therme. Wer kann's übersetzen? (»Die Monumente der Römer, die du hier siehst, hat ausgegraben und der Nachwelt erhalten Karl Egon, Fürst zu Fürstenberg 1821«) Die römische Badekultur sei wieder verschwunden, bedauert ein Schild, geblieben aber sei der römische Weinbau. Immerhin. Badischer Wein, von der Sonne verwöhnt, heißt es, und tatsächlich, die badische Sonne gibt heute alles, um ihrem Ruf gerecht zu werden. Es wird immer heißer. Puh!

Von Hüf geht's nach Bräunl. Der Einfachheit halber und um Platz zu sparen, vielleicht auch etwas hitzegeschädigt, haben wir beschlossen, die Endung »ingen« nicht mehr anzuhängen. Namen haben doch den Zweck zu differenzieren, klingen alle gleich, wird dieser Zweck ad absurdum geführt. – Sie protestieren? Na gut, meinetwegen, also noch mal von vorn: Von Hüfingen geht's nach Bräunlingen, zu unserem Glück entlang eines schattigen Bergwaldes, der die Breg begleitet. Selbst einer Kuh ist es zu heiß geworden. Regungslos steht sie mitten in der

Schon die Römer liebten den Schwarzwald

Wer entdeckt die Kuh in der Breg?

Breg, bestaunt von ihren Freundinnen, die sich das nicht trauen. Dabei ist so ein Kneippbad doch wunderbar erfrischend.

## Bräunlingen

Das Denkmal für Großherzog Friedrich I. von Baden, vom Bildhauer Wilhelm Sauer 1909 geschaffen, kündet stolz von Bräunlingens fürstlich-badischer Vergangenheit. Zuvor gehörte die Stadt, wie auch Hüflingen und viele der Donaustädte, die wir auf unserer Reise passiert haben, über Jahrhunderte zum katholischen Vorderösterreich. Lange haben die Badener versucht, die Zwangsvereinigung mit den Württembergern nach dem Zweiten Weltkrieg wieder rückgängig zu machen. Als das Ansinnen in den 1960er-Jahren endgültig scheiterte, ging die Stuttgarter Landesregierung eilig daran, die Grenzen der Landkreise neu zu ziehen und Badener und Schwaben auch auf Kreisebene zusammenzuzwingen, damit nie wieder neuer Separatismus entstehe.

Am prächtigen Bräunlinger Mühlentor prangt ein Spruch: »Wie einst zum Hause Österreich, stehn treu wir jetzt zum Deutschen Reich.« Reich auf Reich, hm, es gibt bessere Reime. Auch ist die Botschaft etwas verworren. Ein Deutsches Reich gab es doch erst wieder 1871 und nicht schon ab 1806, als das Heilige Römische Reich zusammengebrochen war. 1806 steht unter dem Spruch, neben der Zahl 1305, als man habsburgisch wurde. Als Enklave war Bräunlingen über stolze 500 Jahre vorderösterreichisch, bis Europa 1806 nach Napoleons Geschmack neu geordnet wurde. Ob der Spruch vielleicht als Mahnung gedacht war, um auch dem letzten Bräunlinger, der den Österreichern hinterhertrauerte, die Flausen aus dem Kopf zu treiben?

Auch im Schwarzwald lässt man jedes Jahr die Narren los. Und wie! Vor Jahren sind wir mit dem Auto am Faschingsdienstag zufällig in einen wilden Umzug in einem Schwarzwaldstädtchen geraten. Plötzlich hörten wir unsere Kinder von den hinteren Sitzen schreien. Eine hässliche Hexe hatte die Heckklappe unseres Kombis geöffnet und war ins Wageninnere gekrochen, um überall Stroh zu verteilen. Ein anderes Mal hatten wir uns an den Straßenrand gestellt, um einen Umzug zu bewundern, als einer der Narren auf uns zugesprungen kam, um uns geschredderte Papierschnipsel in den Ausschnitt zu stecken. Wie scheußlich hat das gejuckt! In Bräunlingen laufen der Stadthansel und der Blumennarr mit den hellen Masken der Weißnarren durch die Straßen und Gassen, ihr Unwesen treiben aber auch die Urhexe und der wilde Stadtbock, der von Treibern durch den Ort gejagt wird.

Langsam melden sich Hunger und Durst. Ein etwas in die Jahre gekommenes Wirtshausschild lockt mit dem Spruch: »Fürstenberg. Eines der besten Biere der Welt.« Wie sagte noch Oscar Wilde? »Versuchungen sollte man nachgeben. Wer weiß, ob sie wiederkommen!«

Das Bräunlinger Mühlentor

## Das Fürstlich Fürstenberger Bier

Eine Parallele zu Sigmaringen tut sich auf: Höchst einträglich scheint für die Donau-Fürstentümer das Brauprivileg gewesen zu sein. Die Grafen von Fürstenberg besaßen es bereits seit 1283. Als Donaueschingen an das Bahnnetz angeschlossen wurde, begann die große Zeit der Fürstenberg-Biere; eifrig begann man, den Hopfensaft zu exportieren, schon früh siedete man Bier nach Pilsener Brauart. Braumeister Josef Munz gelang auch das goldgelbe *Salvator*, ein Bier, von dem Bismarck nicht genug bekommen konnte. Im April 1900 dann der ganz große Bahnhof in Donaueschingen: Kaiser Wilhelm II. kam zu Besuch! Natürlich bekam er auch ein Glas Fürstenberg-Bräu kredenzt, und – siehe da! – es mundete ihm so gut, dass er dem Bier eine ehrenvolle Auszeichnung verlieh. »Tafelgetränk Seiner Majestät« durfte es sich nun nennen, und was beim Kaiser auf die Tafel kam, das wollte sich natürlich auch der treue Untertan leisten.

Immer mehr Lokale rissen sich darum, das kaiserlich geadelte *Fürstenberg* auszuschenken, 900 Wirtschaften mussten die Bierkutscher in den besten Zeiten ansteuern. Wer wollte, konnte sein *Fürstenberg* auch in den Niederlanden, in Großbritannien, Frankreich, Belgien und Italien bestellen. Und natürlich in der nahen Schweiz. Selbst in die afrikanischen Kolonien exportierte man. Und wer am Bodensee in Friedrichshafen in einen Zeppelin stieg, konnte hoch über den Wolken ein Bierchen aus Donaueschingen zischen.

Kaufte man seit den 1960er-Jahren umliegende Brauereien auf, um sie danach stillzulegen, so etwa das bekannte und beliebte *Riegeler*, wurde die Fürstlich Fürstenbergische Brauerei 2005 selbst aufgekauft. Neuer Besitzer wurde die Paulaner Brauerei Gruppe. Mit dem Verkauf endete das Adelsdiplom des fürstlich fürstenbergischen Gerstensafts. Glücklicherweise aber verschrotteten die neuen Besitzer die Braukessel nicht. So kann man sich auch heute noch ein *Fürstenberg* aus Donaueschingen schmecken lassen.

Wir bleiben, Oscar Wilde zum Trotz, standhaft und beschließen, erst später einzukehren. Hinter Bräunlingen erreichen wir einen riesigen Damm, welcher der Breg brutal den Weg versperrt. Nach vielen verheerenden Hochwassern waren es die Leute im unteren Bregtal wohl leid, ständig die Keller auszupumpen. Schwillt die Breg nun gefährlich an, drosselt man den Durchlass und staut das wilde Wasser. Wer will es den Menschen verdenken? Trotz aller Wehre und Staustufen aber bleibt die Donau ein gefährliches Gewässer. Die Menschen in Regensburg und Passau wissen ein Lied davon zu singen. Richtig schlimm traf es 2006 die rumänischen Donauanwohner, über 12.000 mussten ihre Häuser verlassen, um nicht in den Fluten zu ertrinken.

Westlich des Dammes schwenkt unser Radweg auf eine Strecke ein, in der wir die alte Bahnstrecke zu erkennen glauben, die von 1893 bis Anfang der 1970er-Jahre Donaueschingen mit Furtwangen verband. Warum man die Bregtalbahn stillgelegt hat? Weil der Tourismus im Schwarzwald zu lahmen begann – die Flieger nach Mallorca wurden immer billiger – und neue, komfortable Straßen das Auto attraktiver erscheinen ließen? Der Anlass für das Ende der Strecke war jedoch banal. Eine Brücke über die Breg gleich hinter Bräunlingen war marode, sie zu sanieren hätte 1,5 Millionen D-Mark gekostet. 20.000 Tonnen Güter hätten dafür zusätzlich pro Jahr transportiert werden müssen; weil das nicht garantiert werden konnte, riss man die Gleise hinter Bräunlingen heraus.

Vielleicht kommt eine Zeit, in der man umzudenken beginnt und die ehemaligen Strecken wieder reaktiviert. Auch das könnte ein Beitrag sein, der Landflucht zu begegnen. Über den Abschnitt Donaueschingen–Bräunlingen fahren seit 2003 bereits wieder erfolgreich Personenzüge. Bis das auf dem oberen Teil der Bregtalbahn ebenso der Fall sein wird, wollen wir die Strecke mit dem Rad genießen.

Radwege auf ehemaligen Bahntrassen sind optimal, vor allem, wenn's bergauf geht. Man bemerkt die Steigungen kaum, zudem gleitet man wunderbar durchs Grün dahin. Erste typische Schwarzwaldhäuser tauchen auf, eindrucksvoll liegen sie an den Hängen, beschirmt von ihren tiefgezogenen Dächern. Form follows function – diese architektonische Weisheit haben die alten Schwarzwaldbauern seit jeher befolgt. Bequem ließ sich vom Hang aus das Heu auf den Dachboden bringen, wo es den Winter über nicht nur die im selben Haus untergebrachten Kühe ernährte, sondern darüber hinaus noch einen hervorragenden Wärmeschutz leistete. Äußerst zweckmäßig war diese Form des Häuserbaus und sie erfreut bis heute das Auge des Vorbeifahrenden.

## Hammereisenbach

Am ehemaligen Bahnhof von Hammereisenbach machen wir eine kurze Rast. Unter einer Brücke sprudelt der Hammerbach so hell und munter dahin, dass wir ein weiteres Mal unsere Füße kühlen. Es handelt sich um ein recht kurzes Flüsschen, das aus

Wertvolle Mineralien färben die Bäche

dem Zusammenfluss von Urach und Eisenbach entsteht. Seinen Namen hat der Hammerbach nach einer alten Hammermühle. Der Eisenbach wiederum verdankt seinen Namen dem Brauneisenstein, den man vom 15. Jahrhundert bis zum Jahr 1942 hier abgebaut hat. Wichtiger aber war vielleicht noch ein anderes Gestein: Pyrolusit. Das manganhaltige Mineral besitzt eine Eigenschaft, die man gerade in dieser Gegend sehr geschätzt hat. Denn ein wichtiger Wirtschaftszweig im Schwarzwald war die Glasproduktion. Die Glashütten besaßen eine lange Tradition, stand doch genügend Holz zur Verfügung, in verkohlter Form eine notwendige Feuerquelle zum Schmelzen der Quarzsande, von denen es im Schwarzwald ebenfalls reiche Vorräte gab. Bekannte Waldglashütten produzierten für die Nähe und die Ferne, besonders gefragt waren ihre hübschen Hohlgläser: Becher, Flaschen, Trinkgefäße, liturgische Kännchen. Nur: Waldglas war über lange Zeit Grünglas und Grünglas galt als wenig schick. Mischte man dem heißen Glasbrei aber Pyrolusit bei, entfärbte er sich und das klarste Weißglas funkelte im Schein der Glut.

Weil sich die Glashütten oft in abgelegenen Gegenden befanden, kursierten viele Legenden und Sagen rund um das glühende Handwerk. Bekanntester Vertreter ist vielleicht das Glasmännlein im *Kalten Herz*, der Waldgeist, der Wünsche erfüllen kann, wenn man das Glück hat, an einem Sonntag gegen Mittag geboren worden zu sein. Peter Munk wünschte sich von dem Glasmännlein eine eigene Glasbläserhütte, erhielt sie und wurde reich. Und vielleicht wäre aus ihm sogar ein glücklicher Mann geworden, wenn da nicht der finstere Holländermichel gewesen wäre …

Unsere Füße melden sich, der Kälteschmerz unterbricht unsere Gedankengänge. Wir schlüpfen wieder in Socken und Schuhe und verabschieden uns vom Hammerbach. Dieser mündet wenig später in die Breg, unsere Wegbegleiterin zum Donauursprung. Plötzlich spüren wir Gewissensbisse, dass wir ihre Schwester, die Brigach, am Zusammenfluss in Donaueschingen so achtlos haben vorüberplätschern lassen. Um ihr gerecht zu werden, soll ihrer kurz gedacht werden.

## Die Brigach

Die Brigach ist eine Keltin. Zumindest dem Namen nach. *Brigach* bedeutet so viel wie *helles, klares Wasser.* Sympathisch. Jede andere Beschreibung hätte uns auch verwundert, ist doch die Brigach, wie auch die Breg, als echte Schwarzwaldtochter ein Gebirgsflüsschen, und was gibt es Helleres und Klareres als einen Bergbach? Geheimnisvoll ist die Quelle der Brigach, die nicht weit von der Quelle der Breg entfernt bei St. Georgen entspringt. Ein geübter Wanderer braucht nicht länger als zweieinhalb Stunden, will er beiden Donaumüttern seine Referenz erweisen. Was selten vorkommt: Die Brigach hat ihrem Geburtsort ihren Namen verliehen. Was noch seltener ist: Ihre Quelle entspringt im Keller eines Schwarzwaldhofes. Im Oberort liegt ein Hirzbauernhof, in dessen Untergeschoss man die Brigach gefasst und durch ein Rohr zu einer Quellanlage geführt hat. Wer will, kann die Quelle besuchen. Die Namensgeber, die Kelten, haben die Brigach so sehr verehrt, dass sie ein hübsches Kunstwerk für die Quelle geschaffen haben, einen Stein mit der Darstellung von Hirsch, Hase und Vogel und drei menschlichen Köpfen. Indizien sprechen dafür, dass die Brigachquelle auch den Römern heilig war. Eine Replik des Kunstwerks befindet sich neben der Quelle, das Original, das man 1888 bei Umbauarbeiten im Hirzbauernhof gefunden hat, im Lapidarium von St. Georgen, der ersten Stadt am Lauf der Brigach. In St. Georgen hat über Jahrhunderte ein nicht unbedeutendes Kloster gestanden.

Nach der St. Georgener Gemarkung tritt die Brigach in das Groppertal ein, ein idyllisches Landschaftsschutzgebiet. Parallel zur Schwarzwaldbahn, einer Bahnstrecke, die Ingenieurgeschichte schrieb, denn mit ihr gelang 1873 die spektakuläre Querung des Schwarzwalds, fließt die Brigach Villingen zu, wo sie es etwas langsamer angehen darf, verwandelt sich hier doch der Schwarzwald in die flachere Landschaft der Baar. Offener wird nun auch die Aussicht, sanft gewellte Wiesen und Felder lassen den Blick weit schweifen und bald schon sieht man die Türme von Donaueschingen liegen, wo die Brigach im Fürstenbergischen Schlosspark gnädig den kleinen Donaubach aufnimmt, um sich wenig später nach exakt vierzig Kilometern Eigenständigkeit mit der Breg zur Donau zu vermählen.

Nicht verschwiegen soll auch werden, dass die Brigach etwas mehr Wasser führt als ihre Schwester, die Breg, an deren Ufer wir nun weiter aufwärts radeln. Doch die Breg ist nun mal die mündungsfernste Quelle und damit für wissenschaftliche Wasserforscher die echteste aller Donauquellen, sorry, liebe Brigach!

Eine kräftigende Mahlzeit wäre jetzt nicht schlecht, wird uns das letzte Wegstück doch steil bergan führen. Vielleicht im nächsten Ort. Nach weiteren zwanzig schweißtreibenden Minuten erreichen wir Vöhrenbach.

## Vöhrenbach

Im Stadtwappen grüßt uns eine fröhliche Forelle. Zu ihr gibt es eine hübsche Geschichte. Ursprünglich war die Forelle ein Esel, und das kam so:

Bei Hammereisenbach steht auf einem Felsen die Ruine Neufürstenberg. Einst herrschte dort ein Burgherr, der hatte seine Freude daran, die Bauern auszupressen und zu schikanieren, wo er nur konnte. Eines Sommers aber trieb er es zu toll. Die Bauern griffen zu ihren Spießen, um die Welt von dem Tyrannen zu befreien. Der Burgherr aber hatte Wind davon bekommen und versuchte zu flüchten. Er beschlug sein Pferd so, dass die Hufeisen nach hinten zeigten, und sprengte davon. Seine ganze List aber half ihm nichts, die Bauern stellten ihn und erstachen ihn mit ihren Spießen, seine Burg ließen sie in Flammen aufgehen.

Die Grafen von Fürstenberg, Verwandte des Tyrannen, aber sannen auf Rache, wollten die Stadt Vöhrenbach dem Erdboden gleich machen und ließen erst in letzter Minute davon ab. Als Strafe jedoch befahlen sie, dass Vöhrenbach von nun an einen

Esel im Stadtwappen zu führen habe. Der Spott der Nachbarstädte muss groß gewesen sein; im Jahr 1802 richteten die Vöhrenbacher das Gesuch an den Fürsten, den Esel wieder davonjagen zu dürfen. Huldvoll wurde ihnen die Bitte erfüllt, seitdem schwimmt die Esel-Ersatz-Forelle im Wappen.

Der wohl bekannteste Forellenangler des Schwarzwaldes war Ernest Hemingway. Im August 1922 war der 23-jährige Amerikaner mit Frau und Freunden als Journalist des *Toronto Daily Star* auf einer Buckelpiste am Rhein gelandet und sodann in den Schwarzwald aufgebrochen. Als geborener Draufgänger wollte Hemingway gleich seine Rute auswerfen ... ach! – er hatte nicht mit der deutschen Bürokratie gerechnet. »Wir sind hier nicht in Amerika, bei uns braucht man einen Angelschein!«, hieß es. Fischereikarten zu bekommen aber glich einem Roulette. Mal gab es welche, mal nicht. Hemingway war es schließlich leid, er wurde zum Schwarzfischer. »Während meine Frau unter einem Baum am Abhang saß und in beide Richtungen des Tals Wache hielt, fing ich vier ordentliche Forellen, jede ungefähr von dreiviertel Pfund.«

Ach, was würden wir für eine Forelle geben! Ob blau, ob nach Art von Frau Müllerin, ganz egal! Doch keines der Vöhrenbacher Wirtshäuser, an denen wir vorbeischwitzen, lockt mit einem schattigen Garten, zudem ziehen hinter den nun steiler in den Frühlingshimmel wachsenden Bergen dunkle Kumulus-Wolken auf, die im Verein mit den hohen Schleierwolken nichts Gutes verheißen.

In welchem der Vöhrenbacher Häuser wird Herr Heer aufgewachsen sein, der Schwarzwälder Bildhauer, der die Figurengruppe an der Donaueschinger Donauersatzquelle geschaffen hat? Als Adolf Heers bekanntestes Kunstwerk gilt ein reitender Kaiser Wilhelm I. in Karlsruhe, der badischen Residenzstadt. Ob er in seiner Heimatstadt Vöhrenbach auch ein Werk hinterlassen hat? Die Zunge klebt uns am Gaumen, wir verzichten darauf, einen Vöhrenbacher zu fragen.

Die glänzendsten Zeiten Vöhrenbachs liegen lange zurück. Tief in der Erde war man im Mittelalter einst auf einen besonderen Schatz gestoßen.

## Der Vöhrenbacher Silberrausch

In der Neuzeit sind die alten Schätze in Vergessenheit geraten. Dem Vöhrenbacher Heimatforscher Wilhelm Bregenzer haben wir es zu verdanken, dass die Geschichte von den Vöhrenbacher Silberminen neu erzählt werden kann. Sie reicht zurück bis in das Jahr 1387. Mindestens. Im Gasthaus *Ochsen* – neben dem *Hirschen* und dem *Rößle* einer der Favoriten unter den tieraffinen Schwarzwälder Wirtshausschildern – bestätigte Graf Heinrich von Fürstenberg der Stadt Vöhrenbach die Rechte an ihren Silberminen. Sei es, dass die Minen nicht sehr ergiebig waren, sei es, dass man es beim Abbau eilig hatte, jedenfalls scheint die Silbergewinnung schon bald wieder zum Erliegen gekommen zu sein. Im Jahr 1712 aber legte der Geschworene Johann Leopold Beck zum großen Erstaunen seiner Mitbürger zwei Proben vor, die aus einer der alten Minen stammen sollten. Die chemische Analyse sorgte für Jubel. Was für ein Gehalt an Silbererzen! Sofort begann man damit, die Stollen wieder zu öffnen, die wegen eindringenden Wassers und Gesteinsschlags bereits fest verrammelt worden waren. Mit großem Eifer machte man sich an die Arbeit, da verbreitete sich zur großen Empörung der Vöhrenbacher die Nachricht, der saubere Herr Beck habe zugegeben, nicht mit sauberen Mitteln gearbeitet zu haben. Um den Silberabbau wiederzubeleben, hatte er den Proben heimlich Silber beigegeben. Die Einwohner waren betrogen worden.

Weil sie aber nun mal schon mit der Graberei begonnen hatten, machten sie noch ein Weilchen weiter. Schnell jedoch folgte auch dem zweiten Vöhrenbacher Silberrausch der Kater, man hatte nur geringe Mengen des Edelmetalls ernten können. Einen dritten Versuch gab es im Dritten Reich, doch stieß man weder auf Silber noch auf andere Schätze. Ob jemand eines Tages so mutig sein wird, einen vierten Versuch zu unternehmen? Glück auf!

Am Freibad vorbei verlassen wir den Ort, weiter auf der ehemaligen Bahnstrecke die Breg entlang. Langsam beginnen wir, die zunehmende Höhe zu spüren, dumpf grollt uns zudem der Himmel und mahnt uns zur Eile. Heute Nacht wollen wir in einer Ferienwohnung in der Nähe der Donauquelle übernachten und da der Kühlschrank schrecklich leer sein wird, beschließen wir, in Furtwangen noch etwas einzukaufen. Schweigsam schwitzen wir die letzten Kilometer aufwärts, da taucht im dichten Nadelwald ein Hochhaus auf.

## Furtwangen

Stolz behauptet Furtwangen, die höchstgelegene Stadt von Baden-Württemberg zu sein, also dürfen auch wir ein wenig stolz auf unsere sportliche Leistung sein.

Am Ortseingang ein Gewerbegebiet, ein Rewe. Ich lasse mich auf einen Stuhl des angeschlossenen Cafés fallen, während sich Jonas einen Einkaufswagen schnappt. Freundlich begrüßt mich ein Herr vom Nachbartisch, der es sich bei einer Flasche Bier gemütlich gemacht hat und sein Zigarettchen raucht. Bis Jonas zurück ist, erfahre ich das Wichtigste aus seinem Leben. Er stammt aus dem nahen Gutenbach, wo seine Mutter bei »Faller geschafft« hat, der berühmten Häuslebauerfirma, welche die Welt im Maßstab 1:100 in Plastik nachbaut, heute freilich mit weit weniger Personal. Auch auf unserer Märklineisenbahn durften die berühmten Fallerhäuschen nicht fehlen. Manch architektonisches Wissen verdanke ich meinen frühkindlichen Klebeerfahrungen. Nach der Trennung von seiner Frau sei er nach Furtwangen gezogen, brummt mein Nachbar. Kein gutes Haar lässt er an den Furtwangern, seien alles Zugezogene, die nach einer Zeit depressiv würden und dann damit begännen, sich umzubringen. Ich erschrecke. »Doch, doch«, beteuert mein Nachbar, »Furtwangen hat die höchste Selbstmordrate Deutschlands.«

Zum Glück wird unser Gespräch an dieser Stelle unterbrochen, Jonas kommt zurück, einen Pappkarton mit sechs Fla-

»Bier gitt Kraft« – Retro-Look ist wieder schick

schen *Zäpfle* in den Händen. Mein Nachbar lobt uns für diese Wahl. Sein Billigbier enthalte nur Hopfenextrakte, das *Zäpfle* aus dem Schwarzwald aber echten Hopfen, wie er uns am Etikett beweist. »Schenkt ihr mir eine Flasche?«, fragt er schelmisch. Doch wir bleiben hart. Es sind ja nur 0,33-Fläschchen, der Fahrraddurst am Abend wird gewaltig sein.

Ein Donnerschlag, dann beginnt es zu regnen. Wir rücken tiefer unter das vorspringende Supermarktdach. Wohin ziehen die Wolken? Wir befragen unsere Handys, bekommen aber keine klaren Hinweise. Mit Gewittern tun sich Wetterdienste noch schwer. Was soll's, wir müssen weiter. Zum Glück geht der Regen in ein leichtes Getröpfel über. Wir verabschieden uns und schwingen uns auf die Räder, die Gepäcktaschen prall mit Bierflaschen gefüllt.

Im Zentrum von Furtwangen ein modernes Haus, das Deutsche Uhrenmuseum. Ein besonderer Vogel muss hier ganz in

Die Kuckucksuhr – eine echte Schwarzwälderin

der Nähe aus seinem Uhrengehäuse geschlüpft sein. Ihm sollte unbedingt ein eigenes Kapitel gewidmet werden.

## Der Kuckuck und seine Uhr – ein Quiz

Die vielleicht lustigste aller Uhren ist die Kuckucksuhr. Nicht nur die Kinder haben ihren Spaß daran. Machen wir doch ein kleines Quiz. Wer ist der beste Experte des Kuckucks und seiner Uhr?

**Frage 1: Wann kuckuckte zum ersten Mal ein Kuckuck im Schwarzwald aus seinem Gehäuse?**
Antwort: Irgendwann zwischen 1730 und 1743. Die genaue Geburtsstunde liegt im Dunkeln des Schwarzen Waldes. Sei es Matthias Hummel oder Michael Dilger aus dem heutigen Furtwanger Ortsteil Neukirch, sei es Franz Anton Ketterer aus dem benachbarten Schönwald oder gar dessen Vater Franziskus, fest steht, der erste Schwarzwälder Kuckucksuhrkuckuck ist in unmittelbarer Nähe zu den Quellen der Donau aus dem Ei geschlüpft.

**Frage 2: Was stellt das Gehäuse der klassischen Kuckucksuhr dar?**
Antwort: Ein Bahnwärterhäuschen. Um die Uhrenindustrie auf den strukturschwachen Schwarzwaldhöhen anzukurbeln, wurde 1850 ein Wettbewerb für zeitgemäßes Uhrendesign ausgelobt. Es gewann der Entwurf von Friedrich Eisenlohr. Dass er sich für ein Bahnwärterhäusle entschieden hatte, war kein Zufall: Eisenlohr war Architekt der meisten Bauten der Badischen Staatseisenbahn.

**Frage 3: Wer ist es, der da so melodisch ruft? Ein weiblicher Kuckuck oder ein männlicher?**
Antwort: Immer ist es das Männchen. Schließlich ist es sein Revierruf, durch den er die Konkurrenz das Fürchten lehren, hübsche Weibchen aber anlocken möchte. Natürlich können auch die Weibchen ihren Schnabel nicht halten, allerdings klingt ihr Gesang

eher wie ein Triller, oft auch wie ein Kichern. Schwierig mit einer Uhr zu imitieren.

**Frage 4: Für musikalische Leser. Welches Intervall hat der klassische Ruf des Kuckucks?**
Antwort: Typischerweise liegen die Töne eine kleine Terz auseinander (meist ein zweigestrichenes f und ein zweigestrichenes d). Carusos unter den Kuckucks schaffen aber auch eine Sekunde oder eine Quinte.

**Frage 5: Was stellen die klassischen Gewichte der Kuckucksuhren da?**
Antwort: Tannenzapfen. So lautet zumindest die offizielle Version. Manches spricht unserer Meinung nach aber für Fichtenzapfen. Diese nämlich hängen wie die Gewichte der Kuckucksuhren nach unten, Tannenzapfen aber stehen immer aufrecht am Ast und sind zudem niemals auf dem Boden zu finden, wie so mancher Kuckucksuhrzapfen, wenn man aus dem Urlaub zurückkommt.

**Frage 6: Womit ernährt ein Kuckuck seine Jungen?**
Antwort: Natürlich haben Sie sich nicht aufs Glatteis führen lassen. Der Kuckuck überlässt die Brutpflege genauso wie den Nestbau hübsch einem anderen Vogel. Kein Grund, sie deshalb für schräge Vögel zu halten. Viele Menschen werden ihnen in diesem Verhalten zunehmend ähnlicher. (Dass der Kuckuck auf den Nestbau verzichtet, beweise, dass er kein Schwabe sein könne, behaupten die Badener.)

Der Mann, der das Preisausschreiben zur Neugestaltung der Kuckucksuhr ausgelobt hat, hieß Robert Gerwig. Ihm hat der Schwarzwald viel zu verdanken. Der begabte Ingenieur trassierte die berühmte Schwarzwaldbahn, eine geniale Streckenführung mit vielen Kehren und Schleifen und Tunnels, welche die Höhen des Schwarzwalds überwand und damit auch die Wasserscheide zwischen Donau und Rhein. Die von ihm ge-

Es steht eine Mühle im Schwarzwälder Tal ... (Furtwangen)

leitete Uhrmacherschule brachte Arbeit auf die Schwarzwaldhöhen, aus ihr ging die Hochschule Furtwangen hervor. Sie trägt den Namen Hochschule absolut zu Recht. Man könnte sie auch Höchstschule nennen, ist es doch die höchstgelegene Hochschule Deutschlands, wenn nicht gar Europas.

Nicht weit vom Uhrenmuseum hat man am Ufer der Breg einen Wasserspielplatz errichtet. Kinder können hier spielerisch die Kraft des Wassers erproben, Stauwerke errichten oder Pumpen betätigen. An einem Haus an der Schmiedebrücke, durch das ein kleiner Seitenkanal fließt, hängt ein alter Mühlstein. Eine Bronzetafel klärt auf: Gewerbekanal nennt sich der Abzweig der Breg, früher nutzte man sein Wasser, um mit dessen Energie Mühlen zu betreiben.

## Das Modell Furtwangen

Hohes Lob hatte Bundeskanzler Gerhard Schröder für den Schwarzwaldort. Er sprach sogar von dem »Modell Furtwangen«. Das enge Tal im Schwarzwald sei buchstäblich vollgestopft mit dem, was wir Hidden Champions nennen, also versteckte Weltmarktführer. »Viele dieser Unternehmen sind Ausgründungen von Studenten der Hochschule Furtwangen.« Auch wenn die Uhrenindustrie weitgehend zum Erliegen gekommen ist, hat sich das Know-how erhalten und kontinuierlich weiterentwickelt. Wer Uhren bauen will, der muss eine ganze Reihe von Techniken beherrschen. Es ist kein Zufall, dass in Furtwangen Unternehmen der Metallverarbeitung, der Feinwerktechnik und Elektronik gegründet wurden. Zuverlässigkeit und äußerste Präzision, darauf kam es beim Uhrenbau an – Qualitäten, die heute noch geschätzt werden.
Neben klugen politischen Entscheidungen und dem Bau von Verkehrswegen auf die entlegenen Schwarzwaldhöhen war noch ein

Dem Himmel so nah … am Katzensteig Furtwangen

anderer Faktor für den Erfolg der genannten Industriezweige verantwortlich, die Mentalität der Menschen. Man kann dieses Phänomen in vielen ähnlich strukturierten Gegenden beobachten, in der Schweiz zum Beispiel und im Sauerland. In den Bergen waren die Winter lang und hart, man konnte kaum einer Beschäftigung nachgehen, außer sich im stillen Stübchen mit Bastelarbeiten die Zeit zu vertreiben. Außerdem verfügten sie noch über einen weiteren Standortvorteil: über schier unbegrenzte Mengen an Energie. Die Bergbäche zu stauen und damit Mühlräder anzutreiben, auch darin waren sie im Schwarzwald Meister. So konnten sich nicht nur in Furtwangen, sondern in unzähligen anderen Orten Gewerbetriebe entwickeln, die manch Flachländer dort nicht vermutet hätte, Heimat der Hidden Champions.

Schade, dass man die Energie nicht nutzen kann, Fahrradräder anzutreiben! Jetzt beginnt der härteste Teil der Tour, die Fahrt den Katzensteig hinauf. Um uns zu trösten, wird die Landschaft immer idyllischer. Es ist kein dunkles Schwarzwaldtal, durch das die Breg plätschert, es ist eine helle, weite Auenlandschaft, auf der in saftigem Grün die Frühlingswiesen blühen. Kapellen gibt es im Schwarzwald in jedem Winkel; in den harten Wintern, in denen die Wege tief verschneit waren, konnte man sonntags oft nicht ins Dorf, da nahm man mit der Hauskapelle vorlieb.

Hinter der Piuskapelle geht es nun brutal steil den Berg hinauf. Wir schalten in den ersten Gang und ächzen noch eine Weile im Sattel, schließlich aber springen wir ab und schieben unsere Räder. So haben wir auch mehr Muße, das Tal zu bewundern, an dessen Ende die Donau entspringen muss. Die hübschesten Höfe grüßen uns. Kühe schlagen sich mit dem fetten Grün ihre vier Mägen voll, was für wunderbare Milch wird das geben! An einem Hang rechen drei junge Frauen das Heu zusammen, ein Bild von archaischer Kraft, wie aus der Zeit gefallen. Weit unten im Tal rattert ein Traktor, der das Heu einsammelt, Winternahrung für die Schwarzwaldkühe. Am Ende

Gedenktafel bei der Donauquelle

der Straße, am Rande eines kleinen Wäldchens, ein Bergrestaurant, der *Kolmenhof*. Das Ziel ist erreicht: Die Donauquelle kann nicht mehr fern sein.

## Am Ursprung der Donau

Nicht nur ein Schild, etliche verkünden die frohe Botschaft, so, als könne es noch Zweifel daran geben, dass hier die wahre Quelle zu suchen ist. Auf einer edlen Bronzetafel ist folgende Inschrift zu lesen:

> *Mündungsfernste Quelle*
> *An diesem geographisch wichtigsten Ort beginnt der Lauf des größten Stromes des Abendlandes durch 8 europäische Länder vom Schwarzwald zum Schwarzen Meer. Bundesrepublik Deutschland,*

*Österreich, Tschechoslowakei, Ungarn, Jugoslawien, Rumänien, Bulgarien, Sowjetunion.*

Hm, die Bronzetafel scheint schon etwas älter zu sein, vom Fall des Eisernen Vorhangs wird man doch auch auf den Schwarzwaldhöhen etwas mitbekommen haben. Neueren Datums ist offensichtlich der gepflasterte Weg, der behindertengerecht zur Quelle führt. Sollen wir den Weg jetzt schon beschreiten? Oder uns zunächst im *Kolmenhof* stärken? Wir entscheiden uns dafür, uns den entscheidenden letzten Gang noch aufzusparen. Es erscheint uns nicht verkehrt, zunächst etwas durchzuschnaufen und ein Willkommensbierchen am Geburtsort der Donau zu trinken. So viel Zeit muss sein.

Etliche Besucher sitzen draußen an den Tischen, wir setzen uns unter einen Schirm, denn die Sonne ist nun wieder alleinige Herrscherin am Himmel. »Zwei Weißbiere bitte, alkoholfrei!« Während die bayerisch bedirndelte Kellnerin davoneilt, haben wir Zeit, uns umzuschauen. Neben dem *Kolmenhof*, in dessen Bassin Forellen ihr letztes Bad nehmen, erhebt sich ein kleines Gotteshaus, die Martinskapelle. Gut möglich, dass sich hier schon zu keltischer Zeit ein Quellheiligtum befunden hat. Ein schönes Zeichen, dem frischen Wasser zu huldigen. Die Bewahrung der Schöpfung beginnt mit dem Staunen über ihre Wunder. Nur wer noch Ehrfurcht vor ihnen empfinden kann, wird vor gedankenlosem Umgang mit den kostbaren Ressourcen geschützt sein. Und welche Ressource ist kostbarer als das Wasser? (Nebenbei ein schönes und sehr passendes Wort: »Ressource«, ist doch »Quelle« darin enthalten.)

»Zwei Weißbier für die Herren!«

Wir prosten uns zu und trinken auf die Donau. Ein wirklich abwechslungsreicher Fluss voller Geheimnisse. Wo ist seine wahre Quelle? Warum verschwindet er, wo taucht er wieder auf? Wie schafft er es, zugleich das Schwarze Meer und die Nordsee zu wässern? Eine Idee steigt in uns auf: Wie wäre es, wenn man an der Donauquelle ein kleines digitales Schild aufleuchten ließe, das anzeigt, ob das Quellwasser aktuell zum Schwarzen Meer oder via Rhein zur Nordsee fließt? Hierzu müsste man lediglich unterhalb der Donauversickerung am Grunde des Donauflussbettes zwei elektrische Pole dicht nebeneinander anbringen. Fließt Wasser, schließt sich der Stromkreis und die Anzeige an der Quelle springt auf »Schwarzes Meer« um. Wäre das nichts?

Ein weiterer Schluck und das Bier ist ausgetrunken. Erwartungsfroh machen wir uns auf, zur Quelle hinabzusteigen. Eine Quellenkatze am Weg macht einen Buckel und faucht uns an, dann gelangen wir zu einem schmalen Gedenkstein: »Zum Gedenken an Irma und Ludwig Oehrlein, den Erforschern der Donauquelle«.

Den beiden Wissenschaftlern ist es durch intensive Forschungen gelungen, die Breg als mündungsfernste Donauquelle zu identifizieren, was sicher nicht ganz einfach war, fließen der Donau doch zahlreiche Bergbäche zu. Furtwangen ist ihnen zutiefst dankbar, in Donaueschingen sucht man vergeblich nach einem ähnlichen Denkmal.

Nach einer weiteren Kurve sind wir endgültig am Ziel. Wir halten inne und sind gerührt. Aus einem gefassten Brunnen rinnt es glitzernd hervor – ein Strahl, nicht viel stärker, als wenn wir den Hahn an unserer Badewanne aufdrehen. So ist es mit vielen bedeutsamen Dingen. Alles beginnt einmal unscheinbar und zart und doch ist damit der Anfang für eine große Sache gemacht. Wir werfen ein kleines Blatt hinein. Es dreht sich lustig im Kreis, bis es sich aus dem Strudel befreit und es plötzlich sehr eilig hat. Wie lange wird das Blättchen unterwegs sein, bis es das Schwarze Meer erreicht? Man schätzt, an die 700 Stunden.

»Am Quell der Donau« heißt ein Gedicht von Friedrich Hölderlin. Es ist zu lang, um es an dieser Stelle wiederzugeben, wir wollen uns auf die ersten Zeilen beschränken.

*Denn, wie wenn hoch von der herrlichgestimmten, der Orgel*
*Im heiligen Saal,*
*reinquillend aus den unerschöpflichen Röhren,*

Alles Große hat mal klein angefangen: das Quellbecken der Breg

*Das Vorspiel, weckend, des Morgens beginnt*
*Und weitumher, von Halle zu Halle,*
*Der erfrischende nun, der melodische Strom rinnt …*

Die Quelle an sich gefällt uns, der melodisch rinnende Bach. Wer aber ist der hässliche Typ, der halb von Steinen begraben den Ort verschandelt? Ein Zottel, der aussieht wie ein Hybrid aus einem Hippie und einem Neandertaler, blickt grimmig ins Leere und kippt dabei lustlos ein Eimerchen aus. Bei aller Sympathie für die Furtwanger Donauquelle, künstlerisch gewinnt Donaueschingen den Wettbewerb. Warum das Monster hier oben, wer ist das überhaupt? Danuvius soll das sein, der imaginäre Donauvater, erfahren wir. Wir schütteln den Kopf und sind uns einig. Wenn schon, dann sollten Quellen von weiblichen Gottheiten bevölkert sein, von anmutigen Nymphen, nicht aber von so einem muskelbepackten Pseudo-Zeus. Gibt es keinen Gnadenhof für misslungene Denkmäler?

Danuvius, der Donaugott, beschützt die Quelle

Vielleicht die wahre Quellenbeschützerin?

Wie versuchen einfach, ihn zu ignorieren, was aufgrund seiner dominanten Hässlichkeit nicht einfach ist. Er soll sich mal nicht so aufspielen, er ist hier nicht die Hauptsache. Das Wasser, das unter ihm hindurchsprudelt, darauf kommt es an. Jonas wartet, bis ein spielendes Kind aus dem Quellbecken steigt und den Weg freigibt. Dann beugt er sich nieder, nimmt einen Schluck von dem frischen Nass und ist überzeugt: Nirgends auf ihrem über 2800 Kilometer langen Lauf wird das Donauwasser besser schmecken!

# Praktische Reisehinweise

# Praktische Reisehinweise

## Anreise

### Per Bahn:

Ulm ist bequem mit dem Zug zu erreichen. Selbst von Hamburg oder Berlin schafft man es mit nur einem Umstieg. Reisende mit dem ICE/IC müssen ihre Fahrradkarten rechtzeitig reservieren.

### Per Auto:

Ulm liegt an der A 8. Die Bundesstraßen B 19 (Ausfahrt Ulm-West) oder B 10 (Ausfahrt Ulm-Ost) führen ins Zentrum. Wer sich nicht für ein Parkhaus entscheiden möchte, findet u. a. Parkmöglichkeiten an der Wielandstraße oder der Basteistraße. Es gibt auch diverse Park-and-Ride-Parkplätze.

### Per Bus:

Flixbus bietet zahlreiche Direktverbindungen mit Fahrradmitnahmemöglichkeit. www.flixbus.de

## Rückreise

### Per Bahn:

Ab Furtwangen (Quellen von Brigach und Breg): Nächstgelegener Bahnhof Triberg (40 Min.): Fahrt mit der legendären Schwarzwaldbahn nach Konstanz oder Karlsruhe.

Wer die erklommenen Höhen als Schwung nutzen möchte: Schnell ist man zurück nach Donaueschingen (knapp 2 Std.) oder auch – landschaftlich reizvoll – nach Villingen-Schwenningen (1,5 Std.) geradelt. Dort entspringt der Neckar, Startpunkt für eine weitere schöne Fluss-Tour.

Zu empfehlen ist aber unbedingt, ein paar Urlaubstage im Donauquellgebiet einzuplanen. Nahe der Wasserscheide ist man dem Himmel so nah und es gibt wunderbare Wander- und auch Fahrradwege und viel anzuschauen (z. B. die höchstgelegenen Wasserfälle Deutschlands in Triberg, Aussichtstürme Brend und Stöcklewald).

## Fahrtunterbrechungen/Teilstücke

Sie wollen nur ein Teilstück dieser Route radeln? Kein Problem! Entlang der Strecke gibt es viele Bahnstationen: Ehingen, Munderkingen, Riedlingen, Herbertingen, Mengen, Sigmaringendorf, Sigmaringen, Beuron, Fridingen, Mühlheim, Tuttlingen, Immendingen, Geisingen und Donaueschingen.

## Radverleih (Auswahl)

Reich's Radl-Shop Ulm: ca. 10 Trekking- und Citybikes (14 Euro/Tag), Tel. 0731 21179

Tretbar Pfuhl: Tourenräder, MTBs und Pedelecs, 1 S-Pedelec sowie Liegeräder, Trikes und Tandems (10–50 Euro/Tag), Tel. 0731 3782898

## Unterkünfte

Unter www.booking.com kann man sich rasch und immer aktuell informieren. Die lokalen Tourist-Informationen sind bei der Planung ebenfalls gerne behilflich (Web-Adressen siehe unten).

## Museen, Ausstellungen und andere kulturelle Highlights

Öffnungszeiten und Preise ändern sich, deshalb wird jeweils die Webseite oder die Telefonnummer angegeben.

## Ulm

Tourist-Info: www.tourismus.ulm.de

Ulmer Münster: Besuch frei, mit Besteigung des höchsten Kirchturms der Welt gegen geringe Gebühr. Das Münster ist in der Regel von 10 bis 18 Uhr geöffnet. www.ulmer-muenster.de

Fischer- und Gerberviertel: pittoreske Altstadthäuser (Schiefes Haus) an den Ufern der Blau, schöne Einkehrmöglichkeiten

Kunstpfad Universität Ulm: 60 Großplastiken, www.uni-ulm.de

Kunstlandschaft Donauufer: Kunstwerke entlang beider Seiten der Donau

Museum Ulm: archäologische Sammlung mit dem Löwenmenschen, spätgotische Kunstwerke (Ulmer Schule) und Kunst des 20. Jahrhunderts in einem modernen Gebäude, www.museumulm.de

Ulmer Stadthaus (Stararchitekt Richard Meier): zeitgenössische Kunst und Fotografie, www.stadthaus.ulm.de

Kunsthalle Weishaupt: moderne und zeitgenössische Kunst in einem spektakulären Neubau, www.kunsthalleweishaupt.de

Edwin-Scharff-Museum: Kinder- und Kunstmuseum und Erlebnisraum in Neu-Ulm, www.edwinscharffmuseum.de

Haus der Stadtgeschichte – Stadtarchiv Ulm: vielseitige Exponate im Schwörhaus, www.stadtarchiv.ulm.de

Bundesfestung Ulm: Fertigstellung 1859, größte Festungsanlage Europas, www.festung-ulm.de

Donauschwäbisches Zentralmuseum: Geschichte der Donauschwaben in der Bundesfestung Ulm, www.dzm-museum.de

Museum Brot und Kunst – Forum der Welternährung: Kulturgeschichte des Brotes im Salzstadel mit bedeutenden Kunstwerken zum Thema, www.museumbrotundkunst.de

Naturkundliches Bildungszentrum Ulm: wissenschaftliche Sammlungen, interaktiv präsentiert, www.naturmuseum-ulm.de

Tiergarten Ulm: mit Kängurus und Klammeraffen, www.tiergarten.ulm.de

DenkStätte Weiße Rose: die Geschwister Scholl und viele mutige Mitstreiter kamen aus Ulm, www.tourismus.ulm.de

DokuZentrum Oberer Kuhberg: früheres KZ des Landes Württemberg, www.tourismus.ulm.de

## Wiblingen

Kloster Wiblingen: Höhepunkt der barocken Kirchenbaukunst in Oberschwaben mit einzigartigem Bibliothekssaal (Rokoko), www.kloster-wiblingen.de

## Erbach

Museum im Schloss Erbach: eindrucksvoller Renaissancebau mit begrüntem Schlosshof, Besichtigung auf Anfrage, www.schloss-erbach-donau.de

## Ersingen

Franziskuskirche: gotischer Kern, barock überformt, www.evkirche-ersingen.de

Badesee mit DLRG-Heim

## Ehingen

Tourist-Info: www.ehingen.de

Städtisches Museum und Spitalkapelle: im Spital zum Heiligen Geist (prächtiger Renaissancebau), die schöne Spitalkapelle wurde aufwendig restauriert, www.museum.ehingen.de

Städtische Galerie Ehingen im Speth'schen Hof: moderne Kunst in historischem Gewand, www.galerie-ehingen.de

Liebfrauenkirche: Wallfahrtskirche neben dem Franziskanerkloster, Ehinger Gnadenbild (Madonna aus der Multscher-Schule), 8–18.30 Uhr

St. Blasius: Stadtpfarrkirche mit burgartig ummauertem Friedhof, gotische Hallenkirche, meisterhaft barockisiert, 8–18.30 Uhr

Konviktskirche (Herz-Jesu-Kirche): barock, Grundriss in Form eines griechischen Kreuzes, Teil des Benediktinerkollegiums, das auf einer Anhöhe errichtet worden ist, auf der einst Schloss Ehingen stand

Außerdem: schöner Marktplatz und zahlreiche Kloster- und Herrenhöfe

Bierwanderweg Ehingen: mehrfach ausgezeichneter, 14 km langer Wanderweg, vorbei an vier innerstädtischen Brauereien durchs schöne Donautal zur Brauerei nach Berg, www.bierkulturstadt.ehingen.de

### Dettingen

Kapelle St. Leonhard (barock)

### Rottenacker

Sehenswerter Ortskern, Weißstörche auf Kaminnest

Heimatmuseum Wirtles Haus: Vorratshaltung, Wohnkultur und Arbeitsleben um 1900, die Donau als Naturraum, www.museum-rottenacker.de

Badesee Heppenäcker: schöner Baggersee mit WC und kleinem Kiosk, schattige Liegeplätze

### Munderkingen

Tourist-Info: in historischer Altstadt, www.munderkingen.de

Historischer Stadtrundweg mit 25 Sehenswürdigkeiten (Flyer über Homepage), schönes Rathaus, prächtige Bürgerhäuser und Brunnen

Städtisches Museum im Heilig-Geist-Spital: u. a. Ausstellung zur Donautalbahn, www.museum-munderkingen.de

Pfarrkirche St. Dionysius: an der höchsten Stelle der Stadt errichtet, dem Umlaufberg. 1275 erstmals erwähnt, Gotik, Renaissance und Barock. Vierzehn-Nothelfer-Altar, Meisterwerk aus der späten Gotik, sowie zwölf Tafelbilder aus dem Jahr 1473 (vermutlich aus der Schule Martin Schongauers)

Marienkapelle mit Wandmalereien aus dem Jahr 1340

Frauenbergkapelle mit Schlangenwunder

### Obermarchtal

Klosterkirche Obermarchtal: älteste Barockkirche Oberschwabens. Das Kloster ist ein ehemaliges Prämonstratenser-Chorherrenstift, besonders sehenswert sind das Sommerrefekto-

rium, der Spiegelsaal und die Stuckarbeiten aus der Wessobrunner Schule.
Museum Marchtal: weltliche und geistliche Kunst in hoher Qualität

## Rechtenstein

Burgruine Rechtenstein: Die Burg aus dem 12. Jahrhundert wurde 1817 abgebrochen, der Bergfried aber zeugt noch von ihrer einstigen Größe. Schöner Blick über das Donautal und das Naturschutzgebiet Braunselhau: idyllische Altwasser, in denen sich überhängende Felsen und bizarre Gesteinsformationen spiegeln
Geisterhöhle: im Sommer frei zugängliche Höhle, in der im Winter Hunderte von Fledermäusen nisten

## Wimsen

Wimsener Höhle: die einzige mit einem Boot befahrbare Wasserhöhle Deutschlands, www.tress-gastronomie.de

## Zwiefalten

Benediktinerkloster und Münster Unserer Lieben Frau: Schönster schwäbischer Spätbarock und Rokoko in einem der größten Kirchenräume Deutschlands. Beeindruckendes Freskenensemble und zahlreiche originelle Ausstattungsgegenstände wie die in Grottenform gestalteten Beichtstühle
Württembergisches Psychiatriemuseum in der ehemaligen Pathologie der Münsterklinik: www.forschung-bw.de
Peterstormuseum: Heimatmuseum zu den Themen Brauchtum und Volksfrömmigkeit, www.tourismus-bw.de

## Zwiefaltendorf

St. Michael: eine der ältesten Kirchengemeinden Oberschwabens aus dem 8. Jahrhundert. Barockisierte Kirche gotischen Ursprungs. Chorgestühl und Teile der Grabmäler aus der Ulmer Schule (Jörg Syrlin d. Ä.)
Schloss Zwiefaltendorf: ehemalige Wasserburg aus dem 13. Jahrhundert, schlichte barocke Schlossanlage als Nachfolgerbau.

Nur im Rahmen von Veranstaltungen zu besichtigen, www.schlosszwiefaltendorf.de

### Daugendorf

Pfarrkirche (barock) mit sehenswerten illusionistischen Freskenmalereien der Brüder Scotti (um 1770)

### Riedlingen

Tourist-Info: www.riedlingen.de

Stadtpfarrkirche St. Georg: auf dem höchsten Punkt der Stadt, spätgotisch mit sehenswerter Taufkapelle und einem großen Wandbild (*Die Verurteilung Jesu*) aus dem Jahr 1589

Rathaus: gotisch, mit schönen Staffelgiebeln

Museum Schöne Stiege: überraschend gut erhaltener Fachwerkbau aus dem 16. Jahrhundert. Heimatmuseum mit wechselnden Sonderausstellungen, www.riedlingen.de

Städtische Galerie im ehemaligen Spital zum Heiligen Geist: www.riedlingen.de

Feuerwehrmuseum: in einem der ältesten Häuser der Stadt, sehenswert! www.feuerwehrmuseum-riedlingen.de

Wegscheiderhaus: Palais des Malers und Bürgermeisters Joseph Ignaz Wegscheider

### Neufra

Schloss Neufra: mit dem kleinsten Schlosshotel Deutschlands, und dem Hängegarten am Schloss. 14 Gewölbe tragen den Renaissancegarten, schöner Blick über das Donautal, www.haengegarten.de

### Hundersingen

Freilichtmuseum Heuneburg – Keltenstadt Pyrene: keltische Höhenburg, sorgfältig rekonstruiert, www.heuneburg-pyrene.de

Keltenmuseum Heuneburg (2 km weiter): Originalfunde, spannend präsentiert, www.heuneburg.de

### Mengen

Tourist-Info: www.mengen.de

Geschichten einer Stadt, Dauerausstellung im Rathaus (1. Stock)

Heimatmuseum in der ehemaligen Thurn- und Taxis'schen Posthalterei: Auch Wechselausstellungen

Historische Fachwerkstadt: mit stattlichen Bürgerhäusern und der Kazede, dem ältesten Gebäude, 1233 erbaut

St. Martin: 1275 erstmals erwähnt, durch Stadtbrand 1819 schwere Schäden, vor wenigen Jahren wieder aufwendig restauriert

Liebfrauenkirche: gotische Basilika, barockisiert

Wilhelmitenkloster: aus dem 13. Jahrhundert (heute Gymnasium)

St. Cornelius und Cyprius (Ennetach): gotisch mit Chorgestühl von Jörg Sylin d. J. und Spitzenschnitzereien von Nikolaus Weckmann

Römermuseum Mengen-Ennetach: leider geschlossen. Alternativ: archäologischer Wanderweg auf den Spuren der Römer

Aussichtsturm auf dem Missionsberg: weiter Blick über Stadt und Land

Zieflinger Seen: schöner Badesee

### Scheer

Tourist-Info: www.stadt-scheer.de

Station des Mörike-Pfades

Nikolauskirche: 14. Jahrhundert, barockisiert

Schloss Scheer: 15. Jahrhundert, in Privatbesitz, nicht zu besichtigen

Schloss Bartelstein: an der Stelle einer im Dreißigjährigen Krieg zerstörten Burg erbaut, nicht zugänglich, außer man mietet sich eine der Ferienwohnungen

### Sigmaringendorf

Tourist-Info: www.sigmaringendorf.de

Schöne Dorflinde am Rathaus

Pfarrkirche St. Peter und Paul: gotisch, 1317 erbaut, zahlreiche Umbauten

Bruckkapelle: Hochwasser schwemmte einst eine Madonnenfigur an, weshalb man die Kapelle am Donauufer errichtet haben soll.

Historisches Hüttenwerk mit Hochofen im Stadtteil Laucherthal (Besichtigungen möglich)

### Sigmaringen

Tourist-Info: www.sigmaringen.de

Hohenzollernschloss Sigmaringen: Anfänge aus dem 11. Jahrhundert, zahlreiche Um- und Anbauten, zuletzt im Stil des Historismus. Zweitgrößte deutsche Schlossanlage mit einer der größten privaten Waffensammlungen Europas, www.hohenzollern-schloss.de

Heimatmuseum Runder Turm: www.sigmaringen.de

Mattes-Zündapp-Museum der Brauerei Zoller-Hof: über 100 Motorräder, www.zuendappmuseum.de

Paddeln auf der Donau: www.donau-kanuverleih.de

### Laiz

St. Peter und Paul: frühes 14. Jahrhundert, mit barocken Fresken und Chorbildern

### Inzigkofen

Bauernmuseum: an manchen Sonntagen geöffnet, www.inzigkofen.de

Klostermuseum mit Kreuzgang und Nonnenfriedhof: an manchen Sonntagen geöffnet, www.vhs-i.de

Stiftskirche St. Johannes Baptist: mit klassizistischer Nonnenempore

Fürstlicher Park mit Amalienfelsen, Teufelsbrücke, Känzle (Aussichtspunkt) und Felsgrotte: wildromantische Anlage in einem steilen Donautal

### Dietfurt

Burgruine und Burghöhle: malerisch gelegen, öffentlich nicht zugänglich

### Gutenstein

Pfarrkirche St. Gallus: gotische Chorturmkirche, barockisiert
Schloss Gutenstein (im Privatbesitz, nicht öffentlich zugänglich)
Ruine Altgutenstein: nur noch wenige Reste erhalten

### Thiergarten

St. Georgs-Basilika: gotischen Ursprungs, kleinste dreischiffige Basilika nördlich der Alpen (Schlüssel in der Gaststätte), schöne Hochzeitskapelle

### Hausen im Tal

Schlossruine: saniert, frei zugänglich
St. Nikolaus: 13. Jahrhundert, barockisiert, neugotisch überformt

### Langenbrunn

Schloss Werenwag: auf einem Felssporn über der Donau gelegen. Privatbesitz, nicht zugänglich

### Wildenstein

Burg Wildenstein: eindrucksvoll auf einem Felsen über dem Donautal gelegene mittelalterliche Burganlage, heute Jugendherberge

### Beuron

Erzabtei St. Martin zu Beuron: mit der größten deutschen Klosterbibliothek, Kirchenführung möglich, www.erzabtei-beuron.de
Paddeltour: www.besi-kanu.de und www.donautal-touristik.de

### Bronnen

Schloss Bronnen: auf einem steil abfallenden Felsen gelegene Burganlage. Privatbesitz, nicht zugänglich

### Fridingen

Tourist-Info: www.fridingen.de
Sehenswerter Kirchplatz mit klassizistischem Rathaus

Künstlerhaus Scharf Eck: Museum des Malers Hans Bucher (1929–2002), u. a. mit wunderschönen, farbenfrohen Gemälden des Donautals. In dem aus dem 16. Jahrhundert stammenden Ackerbürgerhaus befindet sich auch eine gemütliche Gastwirtschaft. Anfrage für Führungen: www.scharfeck.de

Museum Oberes Donautal: Heimatmuseum im Ifflinger Schloss, vielseitige Ausstellungsobjekte, u. a. fantasievolle Fastnachtsmasken und -kostüme, www.fridingen.de

Aussichtsturm Gansnest (ehemaliges Schiebehaus der Hochspeicheranlage eines Donaukraftwerks): Rundsicht über das Donautal

Kolbinger Höhle (Stephanshöhle): eine der größten begehbaren Schauhöhlen der Schwäbischen Alb, www.kolbingen.de

### Mühlheim

Tourist-Info: www.muehlheim-donau.de

Schönes Rathaus aus Fachwerk mit offener Säulenhalle

Galluskirche: Fresken aus dem 14. und 15. Jahrhundert

Veitskapelle mit Friedhof und Mauer (einst Beinhaus)

Mühlheimer Felsenhöhle: Tropfsteinhöhle mit winterlichen Eisformationen. Begehung nur im Rahmen einer Gruppenführung, www.muehlheim-donau.de

Ehemalige Wallfahrtskirche Maria Hilf auf dem Welschenberg, Kirchenruine mit besonderer Ausstrahlungskraft

### Stetten

St. Nikolaus (Pfarrkirche): neugotisch, Figuren des heiligen Sebastian und des heiligen Rochus aus dem 16. Jahrhundert

### Nendingen

Tourist-Info: www.tuttlingen.de

Heimatmuseum im Rathaus

Bauernmuseum im Industriegebiet

## Tuttlingen

Tourist-Info: www.tuttlingen.de

Stadtkirche (ev.): nach dem Stadtbrand in klassizistischem Stil neu errichtet, bemerkenswerte Jugendstilfassade

Stadtgeschichtliche Museen im Fruchtkasten und im Tuttlinger Haus

Galerie von Tuttlingen: Wechselausstellungen

## Möhringen

Dampflokmuseum: www.bahnbetriebswerk-tuttlingen.de

## Immendingen

Tourist-Info: www.immendingen.de

Heimatmuseum

Das Obere Schloss (heute Rathaus): Ursprünge aus dem 12. Jahrhundert

Das Untere Schloss (im Gemeindebesitz, wird saniert)

Donauversickerungen

## Geisingen

Tourist-Info: www.geisingen.de

Heilig-Kreuz-Kirche (Wallfahrtsstätte)

Schloss Wartenberg: Ruine auf dem Wartenberg

arena geisingen: erste Indoor-Inlineskating-Arena Deutschlands, www.arena-geisingen.de

## Pfohren

Burg Entenburg: ehemalige Wasserburg und Jagdschloss. Privatbesitz, Besichtigung nur von außen

## Donaueschingen

Tourist-Info: www.donaueschingen.de

Donauzusammenfluss (Brigach und Breg): ganzjährig frei zugänglich

Donauquelle: kunstvoll gefasst, im Sommerhalbjahr bis 21 Uhr, im Winterhalbjahr bis 18 Uhr zugänglich

St. Johann: Stadtkirche im Stil des böhmischen Barocks mit charakteristischer Doppelturmfassade

Fürstlich Fürstenbergisches Schloss: Belle Epoque, prunkvolle Säle, Kunst und Naturkunde, www.haus-fuerstenberg.de

Museum Art. Plus: Wechselausstellungen mit zeitgenössischer Kunst plus legendäre Sportwagen, www.museum-art-plus.de

Zunftmuseum: Fastnacht in all ihren bunten Erscheinungen, www.donaueschingen.de

### Hüfingen

Tourist-Info: www.huefingen.de

Römerbadmuseum mit Kastell Hüfingen: eines der ältesten Kastellbäder nördlich der Alpen, www.badruine-huefingen.de

Stadtmuseum für Kunst und Geschichte (auch Wechselausstellungen): www.stadtmuseumhuefingen.de

Schulmuseum: www.trio-k.de

Burgruine Fürstenberg: nur noch spärliche Reste

### Bräunlingen

Tourist-Info: www.braeunlingen-tourismus.de

Historische Innenstadt

Heimatmuseum im Kelnhof: Kunst- und Kulturgeschichte, Geschichte und Archäologie, www.kelnhofmuseum.de

### Hammereisenbach

Tourist-Info: www.voehrenbach.de

Ruine Neufürstenberg: auf einem Felssporn zwischen Breg und Urach gelegen

Krumpenschloss: Mauerreste unbekannter Herkunft (auf einem Bergsporn rechts der Breg)

### Vöhrenbach

Tourist-Info: www.voehrenbach.de

Uhrmacherhäusle: Heimatmuseum, www.heimatgilde-frohsinn.de

**Furtwangen**

Tourist-Info: www.furtwangen.de

Donauquelle

Deutsches Uhrenmuseum: weltweit umfassendste Sammlung dieser Art, www.deutsches-uhrenmuseum.de

Rechnermuseum der Hochschule Furtwangen: von der ersten Rechenmaschine zum modernen Computer, www.hs-furtwangen.de

Freilichtmuseum Gasthaus Arche: Gastronomie und Fremdenverkehr im 19. und 20 Jahrhundert, www.museum-gasthaus-arche.de

Stöcklewaldturm: Aussichtsturm mit Bewirtung, www.stoecklewaldturm.de

# Literatur

Bikeline (Hg.): Donau-Radweg 1, Verlag Esterbauer, Rodingersdorf, 2017

Brissaud, André: Pétain à Sigmaringen, Librairie Académique Perrin, Paris, 1966

Busse, Hermann Eris (Hg.): Die Baar, Haus badische Heimat, Freiburg, 1938

Enzberg, Horst-Dieter: Die ehemalige Wallfahrtskirche Maria Hilf auf dem Welschenberg, Verlag Schmidt, Neustadt/Aisch, 2015

Erbel, Immo et al.: Die Donauschwaben (Ausstellungskatalog), Jan Thorbecke Verlag, Sigmaringen, 1987

Groebbels, Franz: An der oberen Donau, Alexander Fischer Verlag, Tübingen, 1926

Heger, Hedwig (Hg.): Die Donau – ein literarischer Reiseführer, WBG, Darmstadt, 2008

Heiderich, Franz: Die Donau als Verkehrsstraße, Deuticke, Wien/Leipzig, 1916

Kaffanke, Jakobus u. Oost, Katharina (Hg.): »Wie der Vorhof des Himmels« – Edith Stein und Beuron, Beuroner Kunstverlag, 2003

Magris, Claudio: Donau – Biographie eines Flusses, Hanser, München, 1988

Maier, Dieter: Die Donau, Karl Müller Verlag, Erlangen, 1993

Mehling, Marianne (Hg.): Die Donau, Knaurs Kulturführer, Droemer Knaur, München, 1993

Petershagen, Wolf-Henning: Ulm & Neu-Ulm – Kleine Stadtgeschichte, Verlag Pustet, Regensburg, 2019

Schefold, Max: Kloster Obermarchtal, Benno Filser Verlag, Augsburg, 1927

Schrenk, Johann: Schwäbische Alb – Naturpark obere Donau, Michael Müller Verlag, Erlangen, 2002

Schütz, Bernhard u. Bunz, Achim: Die Donau – Kulturschätze an einem europäischen Strom, Hirmer, München, 2012

Senz, Ingomar: Die Donauschwaben, Langen Müller, München, 1994

Senz, Josef Volkmar: Geschichte der Donauschwaben, Donauschwäbische Kulturstiftung, München, 1988

Stadt Fridingen (Hg.): Fridingen – Lebenskreise einer Stadt an der oberen Donau, Jan Thorbecke Verlag, Sigmaringen, 1972

Verband obere Donau (Hg.): Ausbau der oberen Donau, Ulm, 1961

Weithmann, Michael: Die Donau, Verlag Pustet, Regensburg, 2012

Wilkes, Johannes: Das kleine Baden-Buch, ars vivendi verlag, Cadolzburg, 2017

Wilkes, Johannes: Das kleine Schwaben-Buch, ars vivendi verlag, Cadolzburg, 2018

## Empfehlenswerte Links

www.deutsche-donau.de (Arbeitsgemeinschaft Deutsche Donau, u. a. Informationen über den Donauradweg)

www.albverein.de (Schwäbischer Albverein)

www.dasferienland.de (Ferienland Schwarzwald mit den Orten Schonach, Schönwald, Furtwangen und St. Georgen)

# Danksagung

Mein besonderer Dank gilt meinem Sohn Jonas. Ohne ihn wäre ich achtlos an manchem kleinen Geheimnis vorbeigeradelt. Ein herzliches Dankeschön auch unserem zufälligen Radkameraden Florian, der so viel über die spezielle Geologie des Donautals zu erzählen wusste. Sodann habe ich meiner Lektorin Eva Wagner zu danken für ihre stete Achtsamkeit beim Umgang mit dem Manuskript.

Herzlichen Dank auch den lieben Menschen, die geholfen haben, dieses Buch zu bereichern:

Maria Binder
Dr. Armin Heim und der Hans-Bucher-Stiftung Fridingen a.D.
Nik Johannsen und allen Narren und Närrinnen der
Narrenzunft Spritzenmuck
Kerstin Keppler
Sonja Köser
Jana Remensperger
Reinhold Schumann
Ulrike Thiel
Angela Vielstich
Manuel Stärk
Heike Fritsch

# Register

**V**



**W**



**Z**

# Weitere Fahrradführer

# Der Hauptstadt entgegen

Johannes Wilkes
**Spree-Radtouren**
In 6 Tagen mit dem Fahrrad
von der Lausitz nach Berlin

256 Seiten | 15,00 €
ISBN 978-3-7472-0235-7

Von den Quellen über Bautzen, Spremberg und Cottbus in den Spreewald, nach Lübbenau, Schlepzig und Beeskow, über Fürstenwalde bis in die Bundeshauptstadt und zur Mündung. Unterhaltsame und gut lesbare Mischung aus Reisereportage, Hintergründen zu Historie, Natur, Kultur und regionalen Besonderheiten sowie Basic-Infos für unterwegs und für die Vorbereitung. (Man kann aber z. B. auch in Berlin starten und von dort aus ein, zwei, drei Halb-Tagestouren machen.)

- Jede Menge Hintergrundstories zu Kultur, Geschichte, regionalen Eigenheiten und Kulinarik
- Entspannte Genusstouren für Leib und Seele
- Streckenlängen flexibel einteilbar, großteils am Fluss entlang
- Zahlreiche Farbfotos, Illustrationen, sechs Tagestourenpläne und eine große Übersichtskarte

# Quer durchs Ruhrgebiet

Johannes Wilkes,
Rainer Götzfried
**Emscher-Touren**
In 5 Tagen mit dem Fahrrad durch den Pott

232 Seiten | 14,00 €
ISBN 978-3-7472-0198-5

Das Ruhrgebiet müsste eigentlich Emschergebiet heißen! Davon sind unsere Autoren überzeugt – fließt sie doch mitten durchs Revier und u. a. an den Großstädten Dortmund, Essen, Oberhausen und Duisburg vorbei. Für sie ist die Emscher der »vielleicht seltsamste Fluss Europas« – was durchaus positiv gemeint ist: Einst bereits »klinisch tot«, entwickelt sie sich nun, überwiegend renaturiert, zu einem idyllischen Naherholungsziel inmitten spannender (Industrie-)Kulturlandschaft. Von der Quelle bei Holzwickede bis zur Mündung bei Dinslaken bietet der Emscher-Radweg demnach auch Ausgangspunkte für ein äußerst vielfältiges Freizeitprogramm. Mit unterhaltsamen Streckenbeschreibungen und Reiseerlebnissen sowie jeder Menge Hintergrundgeschichten zu Kultur, Geschichte, Sport und Kulinarik.

# Radelgenuss vom Feinsten

Monika Johna

**Radeln an Flüssen in Baden-Württemberg**

15 Genusstouren

239 Seiten | 16,00 €

ISBN 978-3-7472-0012-4

Die besten Flussradtouren in Baden-Württemberg entlang von Neckar, Rhein, Donau, Jagst, Tauber, Kocher, Lauter, Nagold u.a.

- Flexibel kombinierbare Tages- und Wochenendtouren für Familien, Genussradler und E-Bikes
- Mit Tourenkarten und allen wichtigen Infos zu An- und Rückreise mit Auto oder ÖPNV sowie Radservice und E-Bike-Verleih
- Mit unterhaltsamen Tipps zu Natur- Kultur- und Kulinarikhighlights.
- Einkehrmöglichkeiten in Biergärten, Sehenswürdigkeiten entlang der Route und viel Wissenswertem zur Umgebung